应用语言学译丛

应用语言学专业词典

〔英〕艾伦·戴维斯 著

王璐璐 陈芯莹 译

王敏 审校

商务印书馆
The Commercial Press

A Glossary of Applied Linguistics / by Alan Davies

Copyright © Alan Davies

Authorized translation from English language edition published by Routledge, an imprint of Taylor & Francis Group LLC; All Rights Reserved.

本书原版由 Taylor & Francis 出版集团旗下 Routledge 出版公司出版，并经其授权翻译出版，版权所有，侵权必究。

The Commercial Press is authorized to publish and distribute exclusively the Chinese (Simplified Characters) language edition. This edition is authorized for sale throughout Mainland of China. No part of the publication may be reproduced or distributed by any means, or stored in a database or retrieval system, without the prior written permission of the publisher.

本书中文简体翻译版授权由商务印书馆独家出版并限在中国大陆地区销售，未经出版者书面许可，不得以任何方式复制或发行本书的任何部分。

Copies of this book sold without a Taylor & Francis sticker on the cover are unauthorized and illegal.

本书贴有 Taylor & Francis 公司防伪标签，无标签者不得销售。

《应用语言学译丛》

编委会名单

顾　问	桂诗春　冯志伟　Gabriel Altmann　Richard Hudson
主　编	刘海涛
副主编	何莲珍　赵守辉
编　委	董燕萍　范凤祥　封宗信　冯学锋　郭龙生　蒋景阳
	江铭虎　梁君英　梁茂成　刘美君　马博森　任　伟
	王初明　王　辉　王　永　许家金　许　钧　张治国
	周洪波

目　录

致谢 …………………………………………………… 1
前言 …………………………………………………… 2
简介 …………………………………………………… 5
词典正文 ………………………………………… 1—139
书目 ………………………………………………… 141
索引 ………………………………………………… 143
后记 ………………………………………………… 161

致　　谢

　　由一位作者来完整地编写一部应用语言学词典，既有好处也有不足。好处在于，有望保证词典的连贯性和视角统一。不足之处在于，作者的专业知识可能无法涵盖如此广泛的领域，而且难免会产生独自完成任务的孤独感。但是，正如约翰斯顿（Johnston）博士的老朋友爱德华兹（Edwards）先生所言，"欣喜总是不期而至"。感谢给予我鼓励的凯瑟琳·艾尔德（Catherine Elder）和爱丁堡大学出版社的萨拉·爱德华兹（Sarah Edwards），也要感谢我的孙子乔治、孙女艾丽丝和汉娜带给我的欢乐。

前　言

词典中的首字母缩写词通常是带解释说明的。其中没有解释说明但却常用的缩写词有：

Lx	Source language	源语言
Ly	Target language	目的语
L1	First language	第一语言
L2	Second language	第二语言（任何一种第二语言对于具体个人来说可能是他所掌握的第二、第三甚至是第四种语言）

在词条解释中被强调（加粗）了的术语会在其他地方作为词目出现。

文中提到的学者包括[①]：

Anderson, Benedict	本尼迪克特·安德森
Austin, J. L.	J. L. 奥斯汀
Barth, Frederik	弗雷德里克·巴思
Bakhtin, Mikhail	米哈伊尔·巴赫金
Beckett, Samuel	塞缪尔·贝克特
Bernstein, Basil	巴兹尔·伯恩斯坦
Bormuth, John R.	约翰·R. 伯姆斯
Braille, Louis	路易斯·布莱叶
Brass, Paul	保罗·布拉斯

[①] 为便于读者查阅，本列表汇总了正文中出现的所有人名。该列表相较原书的版本有所增补。——译者

Brumfit, Christopher	克里斯托弗·布伦菲特
Carroll, John B.	约翰·B. 卡罗尔
Chaucer, Geoffrey	杰弗里·乔叟
Chall, Jeanne	珍妮·查尔
Chomsky, Noam	诺姆·乔姆斯基
Churchill, Winston	温斯顿·丘吉尔
Comte, August	奥古斯特·孔德
Corder, S. Pit	S. 皮特·科德
Cummins, Jim	吉姆·卡明斯
Dale, Edgar	埃德加·戴尔
Fairclough, Norman	诺曼·费尔克拉夫
Ferguson, Charles	查尔斯·弗格森
Firth, John R.	约翰·R. 弗思
Foucault, Michel	米歇尔·福柯
Francis, Nelson	纳尔逊·弗朗西斯
Fry, Edward	爱德华·弗赖
Garfinkel, Harold	哈罗德·加芬克尔
Gramsci, Antonio	安东尼奥·葛兰西
Gunning, Robert	罗伯特·冈宁
Guttman, Louis	路易斯·格特曼
Halliday, Michael A. K.	迈克尔·A.K. 韩礼德
Hymes, Dell	德尔·海姆斯
Johnson, Samuel	塞缪尔·约翰逊
Jones, Daniel	丹尼尔·琼斯
Kachru, Braj	布拉杰·卡奇鲁
Kipling, Rudyard	拉迪亚德·吉卜林
Labov, William	威廉·拉波夫
Lakoff, George	乔治·莱考夫
Lambert, Wallace E.	华莱士·E. 兰伯特

Lantolf, James	詹姆斯·兰托夫
Le Page, Robert	罗伯特·勒佩奇
Likert, Renis	雷尼斯·李克特
Mcgonagall, William	威廉·麦戈纳格尔
Malinowski, Bronislaw	布罗尼斯拉夫·马林诺夫斯基
Marx, Karl	卡尔·马克思
Nemser, William	威廉·奈姆瑟
Ogden, C. K.	C. K. 奥格登
Osgood, Charles E.	查尔斯·E. 奥斯古德
Perren, George E.	乔治·E. 佩伦
Phillipson, Robert	罗伯特·菲利普森
Piaget, Jean	让·皮亚杰
Pitman, James	詹姆斯·皮特曼
Richards, I. A.	I. A. 理查兹
Roosevelt, Theodore	西奥多·罗斯福
Sapir, Edward	爱德华·萨丕尔
Sapon, Stanley M.	斯坦利·M. 萨庞
Saussure, Ferdinand de	费尔迪南·德·索绪尔
Selinker, Larry	拉里·塞林克
Shaw, George Bernard	萧伯纳
Spolsky, Bernard	伯纳德·斯波斯基
Taylor, Wilson	威尔逊·泰勒
Thurstone, Louis Leon	路易斯·利昂·瑟斯通
Voloshinov, Valentin	瓦伦丁·沃洛希诺夫
Vygotsky, Lev	列夫·维果茨基
Weir, Cyril	西里尔·韦尔
Whorl, Benjamin Lee	本杰明·李·沃尔夫
Widdowson, Henry G.	亨利·G. 威多森

简　　介

应用语言学面临的一个急迫的问题是：它的来源是什么，真正被应用的是什么？如果应用语言学的定义非常狭隘，被应用的仅仅是语言学，那么应用语言学就甚少涉及我们所谓真实世界中的与语言相关的问题，因为语言学像其他的理论学科一样，以理想化的现象为研究对象。如果应用语言学的定义是非常广泛的，那么它必须关注所有与语言相关的问题。这两种定义方式都不尽合理。语言学似乎必须在应用语言学中扮演重要角色，但绝不是唯一的。应用语言学也必须吸收借鉴心理学、社会学、教育学、测量理论等。

如果我们把注意力从应用语言学的来源（应用语言学汲取了什么）转向它的目标（应用语言学能帮你做什么），也许我们能更清楚地了解它的本质。应用语言学的目标显然不能是与语言相关的任何事、所有事。科德（Corder）的解决方案（Corder, 1973）是聚焦于广义的语言教学，从而将言语治疗、翻译和语言规划等涵盖其中。这种缩小目标的做法在今天仍然有意义，这也是为什么这本词典中的大多数词条都与语言教学有着某种程度的关联。我们这么做的理由是，现在许多学习应用语言学的人都已经并将继续从事某种程度上与语言教学相关的工作。毕竟，语言教学是与语言研究相关的最大行业。这并不意味着，一旦做了语言教学工作，就会一直是名语言教师：有一些（甚至是很多）从事应用语言学的人都转向了研究、行政工作等。但是，就本词典的目标而言，我们发现有必要对我们自己所认定的应用语言学施加这一限制。也就是说，一方面我们接受了布伦菲特（Brumfit）的定义——"应用语言学的一种现行定义是，对现实世界中以语言为中心的有关问题的理论和实证研究"（Brumfit, 1997: 93）——在这本词典中，我们通过聚焦于语言教学来避免"包罗万象的科学"这样的危险立场。同时，我们也认识到，语言学习与教学的世界不是人造的，而是一个必须每天面对布伦菲特所说的现实世界问题的世界，这些问题涉及成功与失败，能力与能力缺陷，伦理、文化和性别问题，技术和资源匮乏，困难的与简单的，儿童与成人。

参考文献

Brumfit, Christopher, 'How applied linguistics is the same as any other science', *International Journal of Applied Linguistics*, 1997, 7/1: 86-94.

Corder, S. Pit, *Introducing Applied Linguistics*, Harmonds-worth: Penguin, 1973.

A

AAAL | 美国应用语言学协会（American Association of Applied Linguistics）的缩写

美国应用语言学家的专业组织。开放会员制：入会无资格、经验或者国籍的限制。AAAL 现在是最大的**应用语言学 applied linguistics** 协会，吸引了世界范围内大批的应用语言学家参与它的年度会议。其有关应用语言学的观点既折中又全面。

AAVE | 非裔美国人英语（African American Vernacular English）的缩写

非裔美国人英语，在不同的时期又称黑人英语和**黑人语言 Ebonics**[①]。AAVE 代表（或者据信代表着）美国黑人的**方言 dialect**（或者，更激进的评论家会说美国黑人的**语言 language**）。无疑，AAVE 代表了美国黑人在非正式口语交际中广泛运用的一种英语方言。尚未解决的问题是，这个方言是否应该被正式作为年轻美国黑人的**教育 education** 媒介（见 **world Englishes 世界英语**）。其理由是，如果用他们自己的方言来教学并且赋予这种方言以官方地位（见 **BICS 基本人际交流技巧**），年轻的美国黑人更有可能在认知发展上获益。这一观点仍存有争议。虽然有些语言学家支持它，但是它不被所有（或者大部分）的美国黑人所接受。

ability | 能力

当下实施言语行为的能力。**语言教学 language teaching** 涉及认知或

[①] Ebonics 是由 ebony "黑色" 和 phonics "声音" 两个词混合而成。这一术语在 20 世纪 60 年代创造出来后，并未流行起来，现在几乎没人使用。——译者

心理能力的一个子集，也因此与行为背后的技能（例如，阅读能力、口语能力）和潜在的学习语言的能力（**学能 aptitude**）有关。与**学业成绩 achievement**、业绩、能力倾向、**水平 proficiency** 等术语相比，能力的意义更宽泛，才能和**知识 knowledge** 有时被视为非严格意义上的同义词。也许是由于能力无法被直接观察到，它很难被定义和研究。另见 **language testing 语言测试**。

academic discourse | 学术话语

在教育的高级阶段，分析和论证时讨论具有认知难度的概念时的语言运用。它是**专门用途语言 LSP** 类别下的、具有更强表达力的语言应用中的一种，更适于**水平 proficiency** 教学和测试。区分学术话语和通用话语的似乎是难度，它是由概念形成和发展中所需的精确性所造成。

accent | 口音

能用来辨识个体是否属于某个团体的语音特征，这些团体可能是基于地理或者**社会阶层 social class** 因素的。一种特定的**方言 dialect** 可以有不同的口音，但反过来并非如此。**教育 education** 和地位与标准方言的关系更加密切，而且在口音变异上也允许更多的灵活性。但是，在口语对话中，明显的口音无疑会影响到对话者相互的评断。也许是因为口音比方言更加难以改变（因此才有外国口音），且更容易被等同于出身和**身份 identity**，如今不太强调通过教育来改变口音。即便如此，教育的效果之一（无论多么间接）似乎是实现朝着某一有**权威 prestige** 的**规范 norm** 努力的**语言适应 accommodation**。

accommodation | 语言适应

为了易于理解和增进团结，无论是从语言还是从态度上，所有的对话者都倾向于主动让自己的**语言使用 language use** 与对方的更为接近。**权势 power** 不均似乎会影响到语言适应的程度，由此，弱势的一方在与更加强势的一方互动时，会做更多的语言调节。但是，无论是关系还是权势都不直观，识别权势的不同维度十分重要，**性格 personality** 力量可以包含其中。

accuracy | 准确性

我们要区分准确性的传统视角和批判视角。传统的观点认为，在使用规则，尤其是 X 语言的**语法 grammar** 时，存在着一个正确方式。因此，无论是对第一语言还是第二语言而言，**教育 education** 的目的，都被视为是传授这些规则，尤其在教育的较高阶段以及在写作中。**批判应用语言学 critical applied linguistics** 的视角似乎是反对**规范 norm** 假设，这意味着准确性是无关紧要的。然而，批判应用语言学会不会那么极端，目前尚不清楚，因为没有规范，**语言 language** 的教与学都会十分困难。批判应用语言学关心的是，我们需要辨别出语言的**权势 power** 在哪里，并由此搞清楚什么是正确的，是由谁决定的。这似乎又与其规范不重要的假设不一致。

achievement | 学业成绩

根据一个既定的大纲来测量进展的考试叫作学业成绩（或业绩）测验。它们并不想预测未来的成功或是评估考生的水平是否足以执行各种非语言任务（如做一名导游、用该语言为媒介学习医学）：那是**语言水平测试 language proficiency test** 要做的工作。学业成绩测试的目的是确定考生是否学会了那些已经教授过的语言材料。

acquisition | 习得

语言 language 的自然学习，不论是第一语言还是第二语言。因此，语言习得是区别于**语言学习 language learning** 的，后者是指语言习得的形式化方法。然而，这两个术语通常可以互换使用。

acrolect | 高势语

在一个**方言 dialect** 连续体中最有**权威 prestige** 的变体，中势语 **mesolect** 尾随其后，而**低势语 basilect** 处在最底端。

act of identity | 身份行为

正如勒佩奇（Le Page）所言，一切**言语行为 speech acts** 都表示了在一个特定**语境 context** 中，说话者所具有的**身份 identity**。背后的假设是，每个人都有一个语库，因此他们能够选择采用何种方式来显示他们想要表明的身份。

action research | 行动研究

可以（例如，在教室或病房中）提供参与、完成任务和观察条件的**研究 research**，以替代诸如**实证主义 positivist** 研究中所期望的严格控制方法。

adjacency pair | 邻接对

会话中的基本组织顺序。邻接对是会话中的公式性话语，其中的第一部分由 A 发起，引发了由 B 发起的第二部分（例如：你今天过得怎么样 / 很好，谢谢）。未能补全邻接对是不恰当的，要么表示对话者能力不够，要么就是故弄玄虚。另见 **CA 会话分析**、**ritualised routines 仪式化惯用语**。

advertising | 广告

就确定的赞助商提供的组织、产品、服务或理念进行的付费的非个人交际模式。广告和**宣传 propaganda** 都被认为是一对多的交际形式。

African American Vernacular English | 非裔美国人英语

见其缩写 **AAVE**。

age factors | 年龄因素

在**语言习得 language acquisition** 中，年龄是一个决定性因素。因为要获得对 X 语言如**母语者 native speaker** 般的掌控力，语言习得通常必须发生在关键期或敏感期之前。年龄似乎对**语言学习 language learning**（如同它对学习的其他方面一样）也有影响，因为随着时间的推移，语言学习会变得愈发困难。此外，年龄对已经习得和学会的语言也有负面影响。人们往往在日后的生活中失去已习得的第二语言的能力，尽管这可能更多地是（如同社团语言一样）由于缺乏使用而不是由年龄造成的。年龄对母语也有负面影响。由此，即时回忆，特别是对人名，会随着年龄的增长而变得越来越迟缓。另见 **critical period** 关键期、**SLAR** 第二语言习得研究。

AILA | 国际应用语言学协会 (Association Internationale de Linguistique Appliquée[①]) 的缩写

国际应用语言学协会成立于 1960 年，它将三十多个国家级协会的代表召集到一起，组成一个国际委员会，以推动应用语言学的研究和发展。国际应用语言学协会每三年举办一次大会，并联合了几大期刊，其中包括《国际应用语言学协会评论》。另见 **AAAL** 美国应用语言学协会、**BAAL** 英国应用语言学协会。

ALAA | 澳大利亚应用语言学协会 (Applied Linguistics Association of Australia) 的缩写

澳大利亚应用语言学协会。

alphabetic | 字母的

一个在**字素 graphemes** 与**音位 phonemes** 之间有着直接对应关系的文字系统。因此，它是所有文字系统中最经济的。语言中字素-音位的对应程度各不相同。西班牙语非常规律而英语却十分不规律。因此，儿童和非

---

① Association Internationale de Linguistique Appliquée 为法语，其英语名称为 International Association of Applied Linguistics。——译者

英语母语者必须学习英文中的许多任意拼写规则。

alphabetisation | 字母序列

习得 X 语言读写能力的一个必然阶段。诸如语言暑期学院（SIL）的传教团体为此做了大量的工作，字母序列为口语提供了一套书面表达方式。这种表达方式反映了语言的传统属性，因为完全有可能在一种语言中存在着不同的字母序列，也有可能它们之间实际上是相互冲突的。例如，在斐济，不同的传教士会依据自己的母语，宣扬他们自己偏好的表达方式，这在某种程度上也是受了对比语言学的影响。另见 **contrastive analysis 对比分析**。

American Association of Applied Linguistics | 美国应用语言学协会

见其缩写 **AAAL**。

American English | 美式英语

我们需要对美国的英语加以区分，这些变体在美国的不同地区被当作母语使用；而美式英语则被视为是这种方言的标准版。尽管美式英语和**英式英语 British English**（还有**澳大利亚英语 Australian English** 等）可以相互理解，但它们都有一些独特的标准特征。这些特征在**词典 dictionaries** 和风格指南中被加以证实和描述，并出现在出版物的用法中。从 21 世纪初至今，美式英语是这些英语国家标准语中最具有影响力的，并可能在今后的一段时期内，对其他的国家标准语施加全球化的影响。另见 **language standards 语言标准**。

American Sign Language | 美国手语

见 **deaf education 失聪教育**。

analysis of variance | 方差分析

调查研究一组**变量 variables** 间（例如，**社会阶层 social class**、**性 gender**、年

龄 age、母语、第二语言能力）相互关系的一种统计技术，并据此估计每个变量以及这些变量的共同作用对**标准 criterion** 的影响。

anthropological linguistics | 人类语言学

在美国，语言学和人类学同时兴起。语言学在某种程度上（或许是因为其对美国印第安人的语言的兴趣）被看成是人类学的一个分支。澳大利亚也有类似发展。这种影响一直在人类学（及社会学）和语言学的互动中发挥作用，促成了**社会语言学 sociolinguistics**、人类文化语言学和**会话分析 conversation analysis** 的发展，并且激发了许多美国应用语言学家对**文化 culture** 的持续兴趣：由此发展出了与**交际能力 communicative competence** 相关的理念。

aphasias | 失语症

正如年龄对个人语言控制具有常规的发展性的影响，各种创伤，包括头部受伤和中风，可能会损害大脑并导致失语。根据损伤的位置和程度，可导致全部或者部分地丧失说话能力、书写能力和记忆力。另见 **clinical linguistics** 病理语言学、**speech pathology** 言语病理学。

applied linguistics | 应用语言学

诸如"对语言在其中起到重要作用的现实世界问题的探索"之类的定义十分常见。但必须指出的是，那些自称应用语言学的，关注的焦点有所不同。有的可能对理论语言学问题更感兴趣，聚焦于语言；有的可能对社会问题及其可能的改良更感兴趣，聚焦于问题本身。

applied linguistics research | 应用语言学研究

无论是在理论还是应用方面，应用语言学研究都无异于其他学科的研究。然而，其中有一个差别，一个与所有的应用领域都有关的差别，即其中的许多研究领域都是由体制需要和实际要求驱动的。这意味着，在理论学科中，研究范式可能是由当下流行的范式所激发；而在应用性学科中，研究范式是由社会需求激发，而社会需求本身就利用了现有的范式。

aptitude | 学能

见 **language aptitude** 语言学能。

artificial languages | 人工语言

我们可以在诸如世界语、伊多语①之类的 19 世纪的发明中找到人工语言的典型例子，这些发明的宗旨是为了增进人民及国家之间的了解。但是，我们有理由对此做更广泛的定义，即所有由语言干涉导致的非自然的语言产物。因此，简化语言（例如，基础英语），或在一定程度上由刻意的干预及非自然的词汇和语法选择而造就的标准语言都属于此。另见 **simplification** 简化、**standards** 标准。

ASL | 美国手语（American Sign Language）的缩写

见 **deaf education** 失聪教育。

assessment | 评估

经常与**测试 testing** 和/或检测交替使用，也被用作测试、检测和评价的统称。评估主要通过**语言学习 language learning** 的进展来测量**水平 proficiency** 和潜力（或**学能 aptitude**）。无论是正式的还是非正式的评估，在**语言教学 language teaching** 中一直都是非常重要的。然而，近年来，教育供给规模的扩大、对教育责任的日益关注和由此所致的监督都使得评估的影响力更加广泛。另见 **curriculum** 课程、**syllabus** 大纲。

Association Internationale de Linguistique Appliquée | 国际应用语言学协会

见其缩写 **AILA**。

---

① 原文是 Idaho。根据文章内容，此处应为伊多语（Ido）。——译者

attitude | 态度

个体的态度会影响到他或她对其他语言群体成员及自己的第一语言和第二语言的看法。通常的状况是，如果这种态度是消极的，则很难改变，但使这些态度公开化似乎可以令其变得更积极或者至少不那么消极。兰伯特（Lambert）和他在蒙特利尔麦吉尔大学的同事开创了各种研究语言态度的方法，特别值得一提的是**变语配对法 matched guise technique**。

audience | 受众

学习者和有抱负的作家被鼓励关注他们的受众，跟他们通信或交谈，把受众牢记在心中。换句话说，就是要使他们的话语及其分析对语境更为敏感。当然，语言运用对语境越敏感，所适用的范围就会越窄，吸引更多的受众的可能性就越小。

audiolingual | 听说教学法

被认为是 20 世纪 60、70 年代在教学**方法论 methodology** 上的突破，因为它使得语言教师和学习者更接近真实语境。回首 21 世纪初期，不难看出，听说教学法所做的就是利用了硬件的新发展，如便携式录音机。从现在算起，一代人后，我们似乎有可能对计算机及其软件做出类似的轻蔑评论。

Australian English | 澳大利亚英语

同**美式英语 American English** 一样，**澳大利亚英语 Australian English** 有它自己独特的词汇。它的**语法 grammar** 可能与**英式英语 British English** 没有什么不同；事实上，除了**词汇 vocabulary**，它们之间的区别是相当细微的；而即使是在词汇方面，澳大利亚英语也是补充而不是替代。在澳大利亚和美国的英语变体之间存在一种奇怪的、无法解释的差异：美式英语口头语有地域变体，而澳大利亚人所讲的英语似乎并无区域或地方口音差异。另见 **language varieties 语言变体**。

authenticity | 真实性

（在 19 世纪 70、80 年代）对语言**教学材料 teaching materials** 的一个有点极端的要求，这与**交际能力 communicative competence** 的兴起有关。这一观点似乎是：为了达到最佳的效果，学习者需要被放置在尽可能自然的环境当中。尽管很少被指明，它的理据是，最佳的语言学习发生在幼童学习母语的过程中，所以第二语言教学所应该做的就是尽可能地复制这个环境。刻意地追求真实性就注定了失败，因为真实性的定义本身就必须是非刻意的。毫无疑问，非正式的**第二语言学习 SLL** 可以利用真实性，但前提是它必须是非正式的，而且是超出规划和组织范围的。

B

BAAL | 英国应用语言学协会(British Association of Applied Linguistics)的缩写

英国应用语言学协会成立于 1967 年。它赞助研讨会并举行年会。它与**美国应用语言学协会 AAAL** 和**国际应用语言学协会 AILA** 一起创办了应用语言学领域的顶级期刊《应用语言学》。它实行开放会员制;该组织视自己为英国应用语言学家的主要专业组织。

back-channel responses | 反馈回应

由对话者发出的仅用于交际应酬、而非意义表达的信号,用以表示他们在**会话 conversation** 中注意对方正在说的话。尽管**会话分析 CA** 已经对它们展开了研究并赋予了不同意图,但这些反应本身是无**意义 meaning** 的。另见 **phatic communion 寒暄语**。

background knowledge | 背景知识

(又称**背景信息 background information**)听众为了能够理解新信息所需要的信息。如果背景信息不是常识的话,说话人就需要在互动之初先做介绍,以便为后续的新信息提供必要的语境。

backsliding | 倒退

在**第二语言学习 SLL** 中,学习者早期发展阶段特征的暂时再现,被认为是由紧张导致的。当紧张消除时,错误也会消失。

Basic English | 基础英语

一种基于英文修改而成的语言，目的主要是为了促进技术交流，因而命名为：B(ritish) A(merican) S(cientific) I(nternational) C(ommunication)，即英美科学国际交流。由查尔斯·凯·奥格登（C. K. Ogden）和艾弗·阿姆斯特朗·理查兹（I. A. Richards）于 1929 年创造，由 850 个特选的英语单词组成，用以满足日常需要。有人指出，基础英语的**词汇 vocabulary** 简化是以牺牲**语法 grammar** 为代价的。甚至所选词汇也不是非常简单：选定的 850 个词都是核心词，这就意味着在这些核心词的基础上会有更多的词。基础英语早期曾获得了诸如丘吉尔（Churchill）和罗斯福（Roosevelt）等政治领袖的支持，但是就像人工语言（如**世界语 Esperanto**）一样，它被应用语言学家视为一种猎奇，与解决语言问题无关。

basic interpersonal communication skills | 基本人际交流技巧

见其缩写 **BICS**。

basilect | 低势语

见 **acrolect 高势语**。

behaviourism | 行为主义

一种包罗万象的心理学理论，它宣称所有行为（也因此包括了所有学习）的本质就是刺激-反应。在**语言学习 language learning** 当中，行为主义特指依赖程式化反应、脱离语境的教学和测试。心理学中的行为主义与**语言学 linguistics** 中的**结构主义 structuralism** 关系紧密，而结构主义也不大涉及社会语境。行为主义通过**听说教学法 audiolingual**，特别是**语言实验室 language laboratories**，为语言发展研究提供构念[①]。行为主义

[①] 构念（心理学术语）指对事物的认识、期望、评价、思维等观念类似于概念，例如个人构念（personal construct）。——译者

迫于硬件危机而放弃自己的研究需求。但正如人们后来所认识到的那样，**认知发展 cognitive development** 更加复杂，需要**创造力 creativity** 及自发性。行为主义给我们的实际教训是，我们所需要的是一系列对现象的理论解释，而不仅仅是一个理论。

benchmark | 基准

按照**大纲 syllabus**，学生在某些方面应该达到的要求的描述。该描述通常利用量表，并在量表中规定，根据学生在该系统中的进展来预判他们所应达到的**语言运用 performance** 水平。另见 **standards 标准**。

BICS | 基本人际交流技巧 (basic interpersonal communication skills) 的缩写

基本人际交流技巧只能通过母语获得，这对于以后的认知发展十分必要。吉姆·卡明斯 (Jim Cummins) 对基本人际交流技巧和**认知学术语言能力 CALP** 做了区分，但在其极端版本中（"没有基本人际交流技巧就没有认知学术语言能力"），将其作为支持仅开展母语**教育 eduction** 的论据，似乎是站不住脚的。

bilingual education | 双语教育

意指多于一种语言的**教育 education**。它有多种方式，可以是（加拿大）**沉浸式 immersion** 教学，即一种语言（通常是法语）占**课程 curriculum** 的多数时间而英语课程（在这种情况下指学生的母语）只占一小部分时间；也可以是更为均衡的方案，给予 X 语言和 Y 语言更加平等的课程时间（例如，一些威尔士学校中的英语和威尔士语），还可以是第二语言（外语）只被给予一小部分时间的外语教学模式。双语教育事实上有多种形式，我们引用的所有观点都可被视为是开展双语教育的类型，而先前提到的第二种情况可能最为典型。但是，似乎没有哪个体系（甚至是加拿大体系）能够提供完全的双语能力（＝均衡的双语能力）。这可能暗示着这样的目标是不可能实现的。即使是用双倍的时间，每一种语言都重复另一种语言时间表中的内容，也无法解决沉浸式教育的两难境况。数据似乎表明，加拿大的沉浸式教育没能让母语为英语的毕业生内化出（法语）母语者的语法直觉。这意味着，虽然完备的双语能力可以通过非课堂教学获得，但双语教育必须根据其目标来界定。

bilingualism | 双语

掌握两种语言的状态。由于缺乏对"掌握"的一致定义，该术语是一个粗糙（而非理论的）的术语。因此，双语可以指从孩童时期就暴露在双语（通常是父亲、母亲的语言）环境中的情况，也可以指从伙伴那里非正式习得非家庭**语言 language** 的情况，还可以指各种形式的正规学校学习（见 **bilingual education 双语教育**）——将第二语言作为媒介或将其作为外语。如果将双语的定义进一步扩大，那么，它还可以被视为包括掌握了两种**方言 dialects** 的情况，即家庭方言和当地方言等等。如果按照这种说法，宣称我们都是双语者似乎也是合理的，即使这看似有些荒谬。

biliteracy | 双文读写能力

掌握两种文字的状况。双文读写能力跟**双语 bilingualism** 能力在连续统上的分布范围是相似的，虽然从（接近母语的）流利度来看，达到高级双语口语水平要比达到高级双文读写水平容易。无疑，一些有名的双文读写案例证实了有人能娴熟地使用两种语言写作（例如，塞缪尔·贝克特［Samuel Beckett］），但他们可能只是例外。另见 **writing 书写**。

Bokmal | 博克马尔语

（原称里克斯默语）被官方认可的挪威语的两种**标准 standard** 形式之一，另一种是尼诺斯克语。博克马尔语更接近丹麦语，丹麦语是千百年来挪威的官方语言，而尼诺斯克语是许多挪威**方言 dialects** 的标准化组合。

Braille | 盲文
　　一种用纸上突点为失明或者弱视的读者传达口语的字母文字。盲文由路易斯·布莱叶（Louis Braille）于 1829 年发明，第一个盲文出版社于 1891 年在爱丁堡成立。又见 **alphabetisation 字母序列**。

British Council | 英国文化委员会
　　英国政府的半国营文化部门，创立英国文化委员会是为了在海外推介英国及其生活方式、语言和**文化 cultures**。人员往来和思想交流是其活动的核心内容，它还负责大量海外留学生，特别是研究生阶段的学生到英国高校就读。二十世纪六七十年代，指导英语**语言教学 language teaching**和英语**学习 learning**是英国文化委员会的主要工作。大批英国的语言官员被派往世界各地以传播良好的英语教学方式。这一活动现已停止。政府提供的援助减少了，而商业因素现在影响着英国文化委员会的政策与活动。

British English | 英式英语
　　指英国的学校和公共机构（如英国广播公司、出版商）所使用的**标准英语 Standard English**。和**美式英语 American English**、**澳大利亚英语 Australian English** 一样，英式英语被视为英语的一种方言，因此可以用各种不同的**口音 accent** 来表达。

British Sign Language | 英国手语
　　见其缩写 **BSL**。

Broca's area | 布洛卡区
　　大脑（右边）的一个区域，当这一区域（由于中风或事故）受损时，会导致各类**失语症 aphasias**。通过治疗，病人可以学会以各种方式进行补偿，但是布洛卡区的损伤是不能痊愈的。另见 **clinical linguistics 病理语言学**、

speech pathology 言语病理学。

Brown Corpus | 布朗语料库

词汇数据库的先驱，由纳尔逊·弗朗西斯（Nelson Francis）首创于布朗大学。语料库一开始是作为**词典 dictionaries** 的替代物，而现在它在语言学和应用语言学的**研究 research** 中都非常重要，它为语言描写、语言教学大纲和教材提供数据，并被作为**测试 testing** 语言学理论的证据。见 **corpus linguistics 语料库语言学**、**lexis 词汇群**。

BSL | 英国手语（British Sign Language）的缩写

英国手语的缩写，英国听障人士所使用的交际系统。它由系统的头部、面部动作和手势组成，且已被标准化。它似乎是从同伴和聋人学校处习得的。它并不是以**英式英语 British English** 为基础，同时也不能和其他手语，如美国手语，相互理解。

Bullock Report | 布洛克报告

关于英格兰和威尔士学校英语教学的政府委托报告（《一生的语言》[*A Language for Life*]，1975）。它的独创性在于，提出在学校中教授语言学理论指导下的语言观。

C

CA | 会话分析（conversation analysis）的缩写

有关主导说话者之间互动的**规范 norm** 的研究。会话分析学者感兴趣的互动维度包括问答之间、陈述和回应之间的关系，以及**话轮转换 turn-taking**、开始和结束会话、打断、重叠和改变话题的规则等。会话分析与**话语分析 discourse analysis** 不同，后者在文本分析中强置了自顶向下的框架和理论构架（或意识形态）。会话分析宣称自己在理论上是中立的，并（再次宣称）它采用由数据决定结果的自底向上的分析方法。又见 **cross-cultural communication** 跨文化交流、**ethnomethodology** 民俗方法学。

CAL | 应用语言学中心（Center for Applied Linguistics）的缩写

该中心受福特（Ford）基金会的资助，由查尔斯·弗格森（Charles Ferguson）于 1959 年成立，总部设在华盛顿。其任务是成为**英语作为第二语言 ESL** 的资源基地，并成为应用语言学和新的第二语言教学方法及第二语言学习方法的国家资源。应用语言学中心现已成为、并依然是研究发展 ESL（英语作为第二语言）、移民教育、外语教育、语言能力评估、双语和土语教育、难民教育和服务、语言政策和规划以及跨文化交际的主要资源。

CALL | 计算机辅助语言学习（computer assisted language learning）的缩写

电脑（如，程序化的教学、视听学习和**语言实验室 language laboratories**），已激起人们对不同语言学习和教学方法的兴趣。除了帮助模拟**语言使用 language use** 的情境，计算机还有两个优势：速度和远程学习。然而，它们也有劣势：它们更适用于结构性操练，而不具有创意的多种可能性，并且仍然需要老师的支持。不过，如果它们可以改善对影像和声音的模拟，则很可能对远程语言学习和教学，甚至是远程**应用语言学 applied linguistics** 教学做出重要的贡献。

CALP | 认知学术语言能力（cognitive academic language proficiency）的缩写

通过正规教育所获得的技能。卡明斯（Cummins）提出，只有通过**第一语言 first language** 的早期教育获得了**基本人际交流技巧 BICS** 之后，才能掌握认知学术语言能力。这一观点已经受到了挑战。

case studies | 个案研究

运用人类学特定情境观察法的定性方法。个案研究被认为能够提供丰富的**研究 research** 数据；其弊端在于，它们独特的特异性使得概括尤为困难。另见 **qualitative research 定性研究**。

censuses | 人口普查

人口普查通常有固定的时间间隔，有时是五年，更常见的是十年。在某些情况下，普查中会包括与**语言 language** 背景和使用相关的问题。尽管诸如"你讲/写 X 语言吗？"这样的问题难免带有自陈报告的缺陷，这些经年累积的数据（虽然有瑕疵）仍可用于推断语言的趋势。

Center for Applied Linguistics | 应用语言学中心

见其缩写 **CAL**。

Centre for Information on Language Teaching | 语言教学信息中心

见其缩写 **CILT**。

child language acquisition | 儿童语言习得

由于 X 语言的**母语者 native speaker** 通常被认为是在童年就已经学会了这门语言的人，所以"儿童（或第一）语言习得 first language acquisition"这个术语专指对第一语言习得过程的**研究 research**。因此，它与着重于**年龄因素 age factors** 的**第二语言习得 second language acquisition** 是相对的。长久以来，儿童语言习得研究一直被乔姆斯基范式所主导。但现在，研究者们正在采用更加折中的方法。另见 **SLAR 第二语言习得研究**。

CILT | 语言教学信息中心（Centre for Information on Language Teaching）的缩写

语言教学信息中心（在苏格兰设有分支）由**英国文化委员会 British Council** 的英语教学信息中心发展而来，由佩伦（Perren）于 1964 年创立。这两个单位的核心都是藏书丰富的**应用语言学 applied linguistics** 图书馆；除此之外，语言教学信息中心还为期刊、现状分析报告和研讨会提供支持。考虑到英国的外语教学，语言教学信息中心扩大了英语教学信息中心的工作领域；同时它又通过减少其对全球范围内**英语外语教学 TEFL** 的关注度来限制英语教学信息中心。

classical test theory | 经典测试理论

（也叫**经典真分数测量理论 classical true score measurement theory**）由一组关于测试中实际结果和观测结果之间关系的假设所组成的理论。传统的项目分析程序以这一理论为基础，而近年来这一理论受到了**项目反应理论 IRT** 模型的挑战。项目反应理论模型通过在同一框架下表达项目难度和个人**能力 ability** 之间的关系克服了一些经典模型中固有的问题。

classroom discourse | 课堂话语

第二语言（外语）课堂的**语言学习 language learning** 研究。由于许多（或许大部分）学生在学习外语或第二语言的时候，老师是他们唯一的目的语 target language 来源，所以对作为主要学习场所的课堂进行**研究 research** 是有道理的。

clinical linguistics | 病理语言学

语言学 linguistics 在涉及语言障碍的医疗状况方面的应用，包括腭裂、听力障碍或**失语症 aphasias**。另见 **speech pathology 言语病理学**。

Cloze procedure | 完形填空

一项测试技术，运用了由威尔逊·泰勒（Wilson Taylor）在 20 世纪 50 年代为评估报纸的**可读性 readability** 而研发的填空程序。完形填空已被广泛地应用于水平测试，虽然有不同的呈现和评分方式，最常见的方法还是采用随机空格；即删掉每第 5 个、第 7 个或者是第 n 个单词，被测试者必须复原删除掉的单词。

code mixing | 语码混用

在句子和短语中进行两种或多种语言间的转换。人们试图证明这种混用是有系统性的，但收效甚微。然而，虽然转换可能是随机的，但这个行为本身就意味着双重身份的投射。应当将混用与借用区分：在混用当中，说话人具有双语能力。而借用是一种语言通过例如词汇添加之类的手段侵入另一种语言。

code switching | 语码转换

在一段话语中从一种语言（X 语言）到另一种**语言 language**（Y 语言）的转换。发生转换是因为**语码混用 code mixing** 可行。对于转换位置的研究很多，但结论尚不清楚。

codes | 语码

这个术语有两个相关的意义。第一个是语言学的，意味着一个系统的语言多样性，可能是在**语言 language** 层面的、**方言 dialect** 层面的或者是**语域 register** 层面的：因此，德语是一类语码，瑞士德语也是一类语码，化学课本中的德语还是一类语码。而第二个含义包括了更多的社会学意义，并与伯恩斯坦（Bernstein）及其追随者的研究有关。在他们的研究中，"语码"是被用来区分定义**社会阶层 social classes** 的符号系统，譬如**精致语码 elaborated codes** 和**限制语码 restricted codes**。精致语码被认为是没有**语境 context** 的，也因此更客观、更能被外界所理解。而限制语码只能为圈内人所有，他们必须共享圈内的文化假设，由此才能相互理解。伯恩斯坦将这两种语码跟中产阶级（精致）和劳动阶级（限制）联系起来，遭到了强烈的反对。但是，这种联系并不是他基本观点的核心。

codification | 法典化

为了确定规范**语法 grammar**、词汇等而描述语言的行为。法典化通常是标准化的前提。尽管可能有语言**规范 norm** 的口头传统，但是通常会把语言的统一规范，包括它的语法、**词汇群 lexis**（采用**词典 dictionary** 的形式），有时甚至是**用法 usage** 手册书写下来，从而减少歧义。

cognitive academic language proficiency | 认知学术语言能力

见其缩写 **CALP**。

cognitive development | 认知发展

类似于身体发育。像身体发育一样，认知发展被认为是分阶段进行的。最著名的心理学模型之一是皮亚杰（Piaget）的心理模型。这一模型假定了三个或四个阶段，最后一个阶段是抽象思维。乔姆斯基语言学在皮亚杰模型的基础上对语言发展顺序进行了建模，但语言发展与身体发育和认知发展不同，它似乎依赖或至少部分依赖于来自对话者和看护人的语言输入以及语境。

cognitive psychology | 认知心理学

见 **cognitive development** 认知发展。

coherence | 连贯

文本 text 中话语间的（语义）关系，而**衔接 cohesion** 指的是文本中各成分之间的语法和词汇关系。连贯但缺乏衔接的文本是没有标记指示的；有衔接但不连贯的文本是没有**意义 meaning** 的。

cohesion | 衔接

文本 text 中各成分之间的语法和词汇关系，而**连贯 coherence** 是指文本中话语间的（语义）关系。有衔接但不连贯的文本是没有**意义 meaning** 的；连贯但缺乏衔接的文本是没有标记指示的。

colloquial | 口语

一种非常随便的说话方式。它与社会语言学概念**土语 vernacular** 相联系，依照拉波夫（Labov）的说法，它是熟人之间在未被观察状态下自由使用的风格。

colonial discourse | 殖民话语

指涉及和受殖民影响的书面作品（而非言语）。殖民**话语 discourse**（如《汤姆叔叔的小屋》[*Uncle Tom's Cabin*]，拉迪亚德·吉卜林 [Rudyard Kipling] 的大多数作品）对帝国和殖民都不加批判。这种批判是随着后殖民主义的到来而产生的。

communication | 交际

情感、思想等的交流，被一些人认为是**语言 language** 存在的主要原因和主要任务。交际可按比特来测量，以表明信息交换的程度。但交际也是个表示语言互动的术语，因此并不需要交换有意义的**语境 context**，这是因为**应酬语 phatic communion** 也可被视为交际的一种。

communicative competence | 交际能力

语言能力的类比，个体学习语言并成为**母语者 native speaker** 的能力。交际能力是海姆斯（Hymes）将理性的认知模型延伸到社会的尝试。她声称，**语言习得 language acquisition** 必须包含对社会和文化互动的系统学习。可能用"能力"的复数形式更为恰当，因为交际能力（至少）包括语言能力、语篇能力、**语用能力 pragmatic competence**、**社会语言能力 sociolinguistic competence** 和社会文化能力。

communicative language teaching | 交际语言教学

20 世纪 70 年代（在英国和其他地区）语言教学的范式转变为在**语境 context** 中教授和学习语言，暗示着**第二语言学习 SLL** 和第二语言教学的模式必须跟母语一致，因此应该（尽可能）尝试去模拟母语学习者的自发性、**创造力 creativity** 及其需要。这样的目标似乎宏大得不切实际；对于新手，交际语言教学导致了对死记硬背的奇怪重复，仅仅只是因为它的要求实在太高了。

communicative language testing | 交际语言测试

声称采用了**交际能力 communicative competence** 理论的语言测验。测试可以采取不同的形式，取决于它们想要强调的维度。例如，**语境 context** 特征、材料的**真实性 authenticity** 或模拟现实生活的语言运用。

communities of practice | 实践社团

这一术语用于使用专门语码的专业和工作群体等。例如，医学用语、会计用语、律师用语。另见 **domains** 领域、**ESP** 专门用途英语、**LSP** 专门用途语言、**register** 语域。

competence | 语言能力

乔姆斯基用其区别于**语言运用 performance**，类似于索绪尔（Saussure）所谓的**语言 langue**，能力（更确切地说是语言能力）是指存在于所有的正常孩子中的，并允许以孩子所处语境的**语言 language** 为基础的语言**习得 acquisition** 能力。

complexity | 复杂度

就像它的反面"简单度"一样，复杂度很难被界定，它取决于内容和读者（听众）的**背景知识 background knowledge**。如果内容是固定的，包含好几个从句的长句可能要比简单的单句更复杂。同样，出现频率较低的或者较长的单词可能会比出现频率较高、较短的单词要复杂。然而，事情并不那么简单。我们对较短的、经常出现的词的理解常常会受到歧义和同音问题的困扰。举一个例子，句子"He put his hand on the table."中的"hand"一词。在这个句子当中，hand 的歧义只有通过语境（=肢体、玩牌）才能消除。尽管人们对开发语言复杂度指数有很大的兴趣，但现今仍然没有公认的关于复杂度的独立测量方法。另见 **simplification 简化**。

composition writing | 写作文

作文是就某一主题的连续性作品。它们代表各级**教育 education** 的传统**任务 tasks**，但在母语和第二语言教学中往往被作为评估项目。有时会使用更为正式的术语——**论文 essay**。在北美大学，写作文是一年级的必修课程，其理由是高中的实践太少了，并且具有扩展性的作文写作有助于培养所有高等教育所需的认知技能。另见 **academic discourse 学术话语**。

comprehension | 理解

一种特定的（可能更狭义）的理解，通常被用来指**文本 texts** 教学和**评估 assessment**。

computer assisted language learning | 计算机辅助语言学习

见其缩写 **CALL**。

concordance | 词语索引

一种给出特定**文本 text** 当中所有词和短语页码索引的**词典 dictionary** 类型，比如，圣经词语索引。现在已经可以用软件制作电子词语索引。这些程序可以分析大量的文本（即**语料库 language corpus**），而分析的结果有时被用来生成词典。

construct | 构念

由教师、测试者或者研究者为项目提供的恰当模型（或理论或想法）。其假设是构念是足够连贯一致，能被证伪的。另见 **validity 效度**。

context | 语境

语言事件中除**语言 language** 符号本身（单个词）以外的变量。因此，语境包括背景、内容以及文化、自然和对话者关系等。充足的语境知识能够让语言事件中的语言变得多余；也就是说，变成应酬语。又见 **phatic communion 寒暄语**。

context of situation | 情景语境

弗思（Firth）和马林诺夫斯基（Malinowski）试图将语境限定在一个特定情境而采用的一个术语。例如，马林诺夫斯基的一个释例提到，庭园谈话情境语境涉及一个具体的地点（在南海），而庭园谈话在那里如此普遍且常见，以至于它不会为情境添加任何额外的**意义 meaning**，并可能因此而被视为**应酬交际 phatic communion**。

contrastive analysis | 对比分析

在源语言 Lx 和目的语言 Ly 之间进行比较。历时研究考察了**语言**

language "族谱"中不同时期的联系，例如拉丁语和法语、意大利语等之间的关系，或者是古代英语和中古英语之间的关系。Lx 和 Ly 之间的关系也涉及差异；这些对于应用语言学的学生来说非常重要，因为它们表明了人类语言本身以不同方式展现自己的各种形式。因此，分析不相关语言的运作方式（例如，霍皮语和德语）是语言比较的正统形式。在**语言教学 language teaching** 中，对比分析在**结构主义 structuralism** 的全盛时期有着相当大的影响力：有人认为，对比分析 Lx（学习者的 L1）和 Ly（**目的语 target language**）之间的重大结构性差异是编制**教学材料 teaching materials** 的必要前提。这些材料及其强调的可能出现的学习问题对**音系学 phonology** 最有效，但对其他的结构系统没什么效果。鉴于语音系统的封闭性，这并不奇怪。**交际能力 communicative competence** 概念的出现似乎削减了对比分析的吸引力，但必须指出的是，对比分析从未达到人们的预期。另见 **error analysis** 偏误分析、**language distance** 语言距离。

conversation | 会话

两人或多人之间的交流互动，通常是面对面的，但现在还能通过电话、视频以及各种电子手段来实现。由于电子邮件是电子链接的一种形式，所以究竟电子邮件（或手机"短信"）能不能算是一种对话形式是个非常有意思的问题，因为如果（同意）它是的话，那么把普通的书面信件（平信）纳入到会话之中就顺理成章了。

conversation analysis | 会话分析

见其缩写 **CA**。

corpus linguistics | 语料库语言学

可被用于语言描述或验证语言假设的口头的或书面的语言数据（主要是文本）集合。这些类型的数据一直在被不断地搜集：计算机的出现意味着现在的检查和分析都要更快，也可能更准确。另见 **language corpus 语料库**。

correctness | 正确性

符合其所在**语码 code**（**方言 dialect**、**变体 variety** 等）系统规则的，正确的**语言使用 language use**。这些规则适用于语码的结构（如，它的**语法 grammar**）。为了让一种形式或使用被标记为"+/− 正确"，它们必须是已经被法典化的；换言之，在**标准语 standard language** 中，形式是用"+/−正确"来描述的。功能性语言使用——比如，语用（见 **pragmatics 语用学**）、**话语 discourse**——被认为是可接受或不可接受的，而不是正确或不正确的。在更广泛的意义上，正确性与规定主义的态度（见 **prescription 规定规则**）有关，规定主义反对"不好的"英语（或其他语言），支持"好的"英语（或其他语言），并由此被视为基于规则或规范的使用。这种观点最主要表现在对书面语的态度上，并倾向于对一小部分的陈规陋习持批评态度。

Council of Europe | 欧洲委员会

深度参与了**语言教学 language teaching** 发展的一个欧洲文化组织。**功能意念 functional-notional** 大纲源于欧洲委员会的一个项目，它旨在为不同状况、当然也包括为不同语言的语言学习者，制定一个基本语言要求的标准。最近，欧洲委员会依照这一标准开发了语言、学习、教学和评估的欧洲共同框架，旨在建立一个教授和**测试语言 testing languages** 的共同标准框架，就像统一的欧洲流通货币一样。

courtroom interaction | 法庭会话

（法律）法庭的参与者们，例如法官、律师（代讼人、出庭律师、事务律师）、证人、被告及原告，都在审判中发挥作用。在法庭上讲话或与其他成员交流时，他们都有自己惯常使用**语言 language** 的方式。分析这些对话（通常是用**话语分析 discourse analysis** 和**会话分析 CA**)可以发现其所使用的规则、这些规则被违背的程度(以及违背是否重要),以及所有的**利益相关者 stakeholders** 在多大程度上受到了公平对待。

creativity | 创造力

开发原创的能力。创造能力来源广泛:农民、科学家、建筑师和商人都能表现出创造力。但它通常专指个人的、在艺术上令人钦佩的成就。它必须是个人的(虽然也可以是一个群体的贡献,比如,甲壳虫乐队),而且必须是令人钦佩的。因此,虽然麦戈纳格尔(Mcgonagall)的诗是个人的,但没有表现出创造力[①]。文学创作力与**母语者 native speaker**(或接近母语者)的**语言 language** 驾驭能力有关,因而可以用来解释非标准方言的使用何以获得**权威 prestige**(例如乔叟[Chaucer]决定用英文写作)。

creoles | 克里奥尔语

达到稳定状态并成为下一代人母语的混合语码。有一种观点认为,所有的新语言都是由不稳定的、作为**通用语 lingua francas** 使用的**皮钦语 pidgin** 发展而来的,然后稳定下来成为拥有自己**母语者 native speakers** 的克里奥尔语。源语言的使用者可能无法理解克里奥尔语;例如,法语是海地克里奥尔语的源语言,但说法语的人却不懂海地克里奥尔语。

criterion | 效标

可用于判断测试有效性的外部变量(如学位考试)。测试试图做的是表现效标,然后用测试结果来预测候选人在该效标上的表现。这一术语也指对特定领域的知识,或在特定领域的表现的可接受程度,或是反映的质量,比如它在多大程度上是有效的。另见 **language testing 语言测试**。

---

① 威廉·麦戈纳格尔(William McGonagall)是一位 19 世纪末的苏格兰作家,普遍认为他写下了当时最差的诗。——译者

critical applied linguistics | 批评应用语言学

应用语言学 applied linguistics 的一个政治化观点，本身受到了批评教育学、**批评话语分析 critical discourse analysis** 以及更普遍的、贯穿整个社会科学和人文科学的批评方法的影响，而这些方法通常被冠以后现代的标签（见 **postmodernism 后现代主义**），对现代主义的解决方案和宏大叙事持批评态度。批评应用语言学指责应用语言学（传统类型）不反对体制、没把社会变革作为其职责的一部分。许多传统的应用语言学家可能会乐于接受并以个人身份积极地追求社会变革，但并不认为它是学术研究的一个适当标准，因为它预先判断了结果。对于批评应用语言学更有力的一个批评或许是，它没有提出干涉和解释，而这似乎是应用学科所必需的。下周你应该教些什么？如果不体现家长制和既定的价值观，你的测试应该包含什么？在这些问题上，批评应用语言学保持了沉默。另见 **critical language testing 批评语言测试**。

critical discourse analysis | 批评话语分析

话语分析 discourse analysis 的一个政治化的学派，旨在通过分析，发掘**文本 texts** 字面下潜在的**意识形态 ideology**。严肃的话语分析专家（例如费尔克拉夫［Fairclough］）明确表示，他们将自己的意识形态（通常是马克思主义者）带入到了对文本话语的调查研究当中。

critical language testing | 批评语言测试

企图从伦理的角度来评论语言测试，揭示它的误用，特别是它在多大程度上支持现存的权力结构以及未能为追求解放的斗争做贡献。因此，它遵循较陈旧的批评方法，如**批评应用语言学 critical applied linguistics**。另见 **critical discourse analysis 批评话语分析**、**ethics 伦理**、**native speaker 母语者**。

critical (or sensitive) period | 关键（或敏感）期

这一假设认为，在正常的从童年经过青春期到成年的人类发展过程当中，存在着一个关键的或敏感的阶段。这意味着，此时（通常与青春期的开始紧密相连）孩子在身体上和心理上进入成年阶段，性特征尤其如此。也有人认为，改变学习方式的**认知发展 cognitive development** 也是如此。对于语言学习而言，这意味着，关键期之后的语言学习必然是**第二语言学习 SLL**，因为**第一语言学习 first language learning** 依赖的学习机制仅在青春期前起作用。根据这一假设，有人认为，在关键期之后成为 Ly 的**母语者 native speaker** 是不可能的。

cross-cultural communication | 跨文化交际

来自不同文化背景人们之间（信息、思想、情感等）的**交际 communication**。这种交际可能会产生一些问题：这些问题在多大程度上是语言的或文化的（或者两者混合）被大量地讨论，有时甚至被研究。这在一定程度上解释了为什么有关**语言相对论 linguistic relativity** 的萨丕尔-沃尔夫假设（Sapir-Whorf hypothesis）会得到支持。

cross-sectional studies | 横向研究

一种折中的实验设计。对一个受试样本处理效果（如教育中的教学、医学中的药物）的研究需要时间，因为在此期间处理的相互作用可能会也可能不会持续。前后**测试 tests**（干预前后）是这些所谓**纵向研究 longitudinal studies** 的必要组成部分。但由于可行性、财务、人员等原因，它们往往不可能实现。横向研究提供了一个折中方案。研究中通常有两个组，一个是未处理过的（"测试前"组），另一个则是已经被处理过的（"测试后"组）。

culture | 文化

文化（至少）有两个重要的意义。第一个是人类学意义，指一个社团自然而然就会产生的行为、神话和信仰。第二个意义是指社团成员可获得的"高""低"文化的二分。"高"文化包括各种类型的有价值的艺术形式。

20 世纪的政治斗争之一是发展赋予大众文化价值和**权威 prestige** 的手段。**语言 language** 既是社团文化的一部分,也是传播和践行其文化的重要手段。

curriculum | 课程

课程和**大纲 syllabus** 有时可以互换使用,但有两种区分方式。第一种方式中,课程包含了学校或学院或教育系统所提供教学的全部内容,而大纲则是指一个科目的内容、评分和**评估 assessment**,有时还包含其教学**方法 methodology**。第二种方式中,课程指的是一个科目所提供的课程范围,例如应用语言学的内容、理念、特定目标和**评估 assessment** 标准,而大纲指(在本例中,应用语言学)一个组成部分的内容,例如**第二语言习得研究 SLAR**,会列出每节课的主题和阅读材料。

D

deaf education | 失聪教育

先天没有听觉的(耳聋的)孩子通常会在特殊学校接受教育。在较为传统的特殊学校里,学校会教孩子说当地的**语言 language**,这样他们可以与具有听力的人进行交流。为了做到这点,他们还必须学会唇读。在没那么传统的学校里,学校会教孩子(或至少允许孩子)使用当地**手语 sign language**(他们也可能学说话和唇读)。手语是使用视觉而非口头信号的语言。不管孩子们是否被教说当地语言,他们肯定会用当地手语相互交流,并与其他失聪的人交流。问题在于,学校或机构是否会接受手语,并将其作为**教学媒介语言 medium of instruction**。另见 ASL 美国手语、BSL 英国手语。

decoding | 解码

所有信息,从非正式**会话 conversation** 到秘密情报**语码 codes**,都需由接收者来解码(使之有意义)。对于流利的**母语者 native speakers** 而言,非正式会话的解码是无意识的、无须思考的。对更复杂的(更原始的)信息进行解码,既费时又容易出问题。

decreolization | 去克里奥尔化

当**克里奥尔语 creole** 越来越受其源语言的影响,并变得更像源语言时,会发生去克里奥尔化,使得其原皮钦化的标志性特征(简化和混合)减少。

deep structure | 深层结构

表示句间关系和阐明潜在歧义的句子的抽象表征。在原有理论中,深层结构被宣称是通过转换成分与**表层结构 surface structure** 相联系的。近年来，这个两级的语法结构概念框架受到了质疑。

delexicalization | 去词汇化

语言 language 在重新词汇化之前失去技术术语的过程，指的是从接触语言中纳入新内容之前的阶段。

descriptive statistics | 描述统计学

报告**变量 variables** 数值的统计学分支，例如均值（平均）和标准差。与推论统计学不同，后者描述的是变量之间的关系。统计学描述的是（参数所描述的）样本而不是整体。因此，其精度依赖于样本和由样本所组成的整体之间的关系。

dialect | 方言

独特的**词汇 vocabulary** 和**语法 grammar** 使用，通常标志着其使用者的地理位置。当前着重强调城市而非乡村起源的方言保有着造成差异的地理基础（一些城市表现出了由地域造成的群体性差异），但城市与乡村方言研究的区别在于，城市方言研究将**社会阶层 social class** 作为方言标记（摘自拉波夫[Labov]）来着重强调。通常，某一方言会被选为**权威的 prestige** 形式，并被指定为**标准语 standard language**。未被选定为标准语的方言被称为"缺少陆军和海军"，因为它们缺乏权势和特权。制定并向全体人民普及标准是**教育 education** 的主要贡献。标准方言主要表现在**书写 writing** 上，但**教育 education** 也对口语有影响，这样就在受教育者中形成了一种趋势，即在口头和书面表达中使用标准（即权威）形式。

dictation | 听写

一种正在复兴的传统**评估 assessment** 形式。在教学中，听写被用来帮助第二语言学习者适应**目的语 target language** 的重音、语调及音位方面的差异，并帮助他们获得在现有理解基础上预测未知意义的能力（"减少不确定性"的思路）（听写也被用于**母语 mother tongue** 教学，主要为了提高和促进**理解 comprehension**）。在测试中，听写被用来确定学习者在多大程度上能（一）**准确 accuracy** 地使用正式规则，并（二）理解整个**文本 text** 的**意义 meaning**。如果学习者做不到第二点，那么掌握第一点也没什么意义了。

dictionary | 词典

一个给出单词含义（单语词典）或者从 Lx 到 Ly 的**翻译 translation**（双语词典）的单词列表。所提供的释义信息的总量取决于词典的成本、大小和用途。**语料库语言学 corpus linguistics** 的出现简化了编纂词典所必需的数据收集工作。编写和出版词典似乎是语言**标准化 standardisation** 道路上的第一步。

diglossia | 双言

这个概念由弗格森（Ferguson）首次使用，意指在同一社团中使用一种**语言 language**（如，古典和埃及标准阿拉伯语）的两个变体（见 **language varieties 语言变体**）。两个变体各自具有一套独特的功能，被弗格森刻画为高（或正式）和低（或非正式）变体。这个术语的含义已被扩大，以涵盖两种不相关**语码 codes** 间（例如，巴拉圭的西班牙语和瓜拉尼语）类似的 H-L（高-低）区别。但由于正式语言通常与非正式语言不同，因此扩大双言的含义并无助益。

discourse | 话语

这一术语现已具有一系列的含义，从狭义的语言学意义（**言语事件 speech event** 的口头记录）到政治意义，其中的兴趣点在于**知识 knowledge** 和**权势 power** 的框架。最近的含义是**批评话语分析 critical discourse analysis** 的关注重点。在话语的定义范围内，话语和**语言 language** 可以地位互换：当话语取狭义时，话语是语言的一部分；当话语取广义时，语言是话语的一部分。

discourse analysis | 话语分析

揭示**话语 discourse**（狭义）**结构 structure** 和**规范 norm** 的研究。话语分析是话语**语法 grammar** 的研究。

discourse communities | 话语社团

共享**话语 discourses** 而且**权势 power** 分布不均的社团，其中对话语即惯例、习俗、文化和**语言 language** 等掌握得更好的人获益更大。话语社团的实例有法律界、监狱、军队、球迷、家庭和妇女等。

distance | 距离

语言间共享语言特征的程度。因此，日耳曼语（英文、德文等）之间的差距比它们与巴斯克语和卡斯提尔语的西班牙语之间的差距更小。另见 **language distance 语言距离**。

doctor-patient discourse | 医患话语

医生与病人之间的专业交流。其特点是，医生试图采用非医学的语言来传达并控制她/他认为相关的医疗信息，而病人虽缺乏必要的医学知识，却努力获取有关自己医疗状况的信息。医学的专业精神要求医生做到信息简化而不琐碎。

domains | 领域

领域是语域所对应的社会范围。因此，演习指令语域用在军事训练领域中，而法律措辞语域用在法庭审判领域中。领域本身是一个有用的非理论术语，能用来指某一特定**语言变体 language variety** 的使用**语境 context** 或情景。

E

EAP | 学术英语(English for academic purposes)的缩写

对学生、教师和科研人员在高等教育中及为完成高等教育所使用英语的限定和描述。20世纪后半叶，在英语国家接受高等教育的海外(国际)留学生人数迅速增加，他们需要掌握足够和相关的英语**语言 language**能力，但对所谓非学术英语无需求，学术英语的理念也随之流行起来。有争议的两个问题：(a)学术英语可以按照这样划分，且(b)学生不需要(或不太需要)掌握学术之外要用到的英语。另见 **academic discourse 学术话语**。

Ebonics | 黑人英语

非裔美国人英语(**AAVE**)的另一说法。奥克兰学校董事会(在加利福尼亚)决定在学校体系中给予其正式地位后，黑人英语开始变得引人注目。董事会的决定(后又迅速地撤除了)受到了新闻界和许多美国黑人的讥讽，但一些语言学家以语言学和社会语言学为理据为其辩护。对书面黑人英语的认可似乎从未遇到过任何问题；董事会试图认可(和支持)在课堂中实际使用黑人英语，即教室中的口语交流混合使用黑人英语和标准美式英语。

ECAL | 爱丁堡应用语言学课程(Edinburgh Course in Applied Linguistics)的缩写

由爱丁堡大学应用语言学系出版的四卷出版物(牛津大学出版社，1973年7月)，包括了**应用语言学 applied linguistics**的**教学材料 teaching materials**、重点读物和理论研讨，这些资源为其本校研究生教学的前十年提供了参考。爱丁堡是第一个拥有正式命名的应用语言学系的大学，这四卷出版物在一段时期内很有影响力。

Edinburgh Course in Applied Linguistics | 爱丁堡应用语言学课程

见其缩写 ECAL。

ecology of language | 语言生态学

针对特定情景下**语言使用 language use** 变体（见 **language varieties 语言变体**）的一种描述性方法，该术语源于植物学和人类学。

education | 教育

通过学校、学院等机构的途径来提供教学。发生在教育机构中的**语言学习 language learning** 必然是与群体相关的（需要区别于个人独立的学习方式），通常指与语言相关的**习得 acquisition**。

educational linguistics | 教育语言学

为了给**应用语言学 applied linguistics** 提供一个更连贯的定义，斯波斯基（Spolsky）创造了这个术语，将其作为限制领域关注范围的一种手段。"教育语言学"无疑是比较狭隘的，但由于许多（或许是绝大部分）应用语言学家都参与了语言教学的某些方面，所以这也可能不是坏事。但该术语似乎还没有被广泛地接受。

EFL | 英语作为外语（English as a foreign language）的缩写

在许多非英语国家，英语已经被列为一门外语被教授了许多年。但首字母缩略语 EFL 特指在英国以及后来的爱尔兰、美国、加拿大、澳大利亚和新西兰等突增的、对在世界各地教授他们的英语（作为外语）的兴趣。为将英语作为外语教学（TEFL）提供教师和教学材料，以及招收 EFL 学生到英语国家研修高等教育课程（包括英语语言学校）的需求日益增长，这对英国和其他国家具有商业上的重要意义。目前，这已成为一个主要的教育产业。此外，EFL（英语作为外语）的重要性还在于它已成为**应用语言学（applied linguistics）** 课程的主要来源和目标。而且，EFL 对**语言评估 language assessment** 的**评估 assessment**，以及在英国和其他地方更广泛地教授现代语言，都具有重要的推动作用。毫无疑问，部分原因是它获得了巨大的经济支持。另见 **LOTE 非英语语言**。

elaborated code | 精致语码

伯恩斯坦（Bernstein）用这一术语来指称在社会**语境 context** 中传达意义的一种语言变体。伯恩斯坦认为，那些使用精致语码的人更多地使用形容词、更复杂的句子结构和代词"我"，而那些习惯使用**限制语码 restricted code** 的人词汇 **vocabulary** 范围则更受限制，使用更多的附加疑问句，更多地用代词"他""她"代替名词。使用精致语码的人能够将自己从他们的陈述中隐去，笼统地而非参照自身的具体经历来写作（和讲话）。虽然伯恩斯坦并未专门讨论语言问题，由于他对语境和社会角色同样感兴趣，他的工作被不适宜地广泛解读为将工人阶级（限制语码的使用者）和中产阶级（精致语码的使用者）进行对比。限制和精致两分的早期名称是私人和公开。

elicitation techniques | 诱引技术

由语音学家和语言学家开发的、描述一种**语言变体 language variety** 的语音和语法系统的方法。研究人员利用母语被调查者来产出**音系 phonology** 和**语法 grammar** 体系。这类产物当然是指元语言的，且无法保证语言学家或语音学家使自己成为该语言的使用者。另见 **metalanguage 元语言**。

EliF | 英语作为通用语（English as a lingua franca）的缩写

与英语作为国际语言 English as an international language 相关的一个

概念。EliF（英语作为通用语）的概念以 EFL（英语作为外语）使用的语料库为基础。其原理是，当今世界上的英语使用者大多是**非母语者 non-native speakers**，他们所使用的就是 EliF（英语作为通用语）。这一概念需要加以描述和推广。像英语作为国际语言一样，它代表了对**母语者 native speaker** 的攻击，随之也要承受失去一个可定义模型的后果。

-emic approach | 位学研究法

对一种语言变体的音位或者音素所做的语言描述，用以判定该变体的声音系统是否清晰可辨。虽然不同说话人之间可能存在着差异，但对于群体描述这个目的而言，这些都可以忽略。个体差异被放在了**非位学 -etic**（或者**语音学的 phonetic**）描述内。

encyclopedias | 百科全书

法国的百科全书编纂者，以及后来英国《大不列颠百科全书》(*Encyclopaedia Britannica*)的电脑（光盘）[①]，都试图将人类所有的知识囊括进他们的书中。现代的百科全书没有那么大的野心，它们只争取覆盖一个领域，如**语言学 linguistics** 或**应用语言学 applied linguistics** 等。百科全书（和它们的解释）、**词典 dictionaries**（及它们的定义）和百科全书词典混合体之间的关系非常有趣。

endangered languages | 濒危语言

处于衰落并面临**语言灭绝 language death** 的**少数民族语言 minority language**。约翰逊（Johnson）博士的观点令人伤感："每当任何一种语言消失时，我都非常伤心，因为语言是民族的谱系图"，语言消失和植物或动物物种的消失是类似的。如此一来，它削弱了世界的多样性（见 **language varieties 语言变体**）。但另一种观点认为，语言的灭绝一直都在

[①] 原文是 computers（计算机），根据上下文，译成"电脑（光盘）"。——译者

发生，而那些新的语言会出现并取代它们的位置。语言濒临灭绝并不是因为它们正在消亡，而是因为说这种语言的人正在死去：一个典型的例子是，在一个偏远的小社区，只有很少的居民，且都已经老了。无疑，与具有广泛影响力的语言（如英语或阿拉伯语）接触会让某些语言成为濒危语言，但它们也受到缺乏现代化权力和影响力的威胁（它们与全球语言的接触加剧了情况的恶化），这使得它们失去了吸引力，无法吸引年轻人。有许多为了促进和维护濒危语言而存在的出版社和学术团体，但一个强有力的论点是，当一种语言濒临灭绝并需要维护支持时，要想复活它已经太迟了。另见 **hybridity** 杂合，**language maintenance** 语言维护。

English as a foreign language | 英语作为外语

见其缩写 **EFL**。

English as a lingua franca | 英语作为通用语

见其缩写 **EliF**。

English as a second language | 英语作为第二语言

见其缩写 **ESL**。

English as an international language | 英语作为国际语言

（又指国际英语 International English）开发和推广一种不基于**英式英语 British English**、**美式英语 American English** 等**母语者 native speaker** 规范的通用**语言 language** 的尝试。开发和实现这类**语码 code** 的问题在于，不清楚它基于哪种样板。当然，这就假定了所有**语言学习 language learning** 都是以样板为基础的，而最终讨论中的样板是受过教育的母语者的样板。另一种把英语作为国际语言的观点是，它意味着跨文化使用中每个人的英语；也就是说，比如我用我的英语和一位日本学者交谈，他（她）用他（她）的英语跟我交谈。

English for academic purposes | 学术英语

见其缩写 **EAP**。

English for speakers of other languages | 非英语母语者英语

见其缩写 **ESOL**。

English for specific purposes | 专门用途英语

见其缩写 **ESP**。

error | 错误

在口语和书写中出现的不符合该语言规则的语言形式，换句话说，被受过教育的**母语者 native speaker** 认为是不符合语法规则或者不恰当的。另见 **error analysis 偏误分析**。

error analysis | 偏误分析

与描写性**对比分析 contrastive analysis** 相伴的自然应用，是对学习者所犯的**目的语 target language** 错误的研究，旨在帮助他们提高和提供补救性的**教学材料 teaching materials**。错误被认为是任意的和个体性的，但偏误被认为和群体有关，因此传统上是基于学习者的母语和目的语之间的差异。科德（Corder）认识到偏误揭示学习进展，因此也反映**中介语**，这为**第二语言习得研究 SLAR** 的发展铺平了道路。

ESL | 英语作为第二语言（English as a second language）的缩写

这个术语被用作**英语作为外语 EFL** 的同义词，但更有用的是，它专用于英语不是母语而是作为**教学媒介语言 medium of instruction** 且（或）被广泛应用于当地**语境 context** 的情况。因此，日本的情况是英语作为外语（EFL），而赞比亚的情况是英语作为第二语言（ESL）。不清楚的是，那些来自于英语作为外语（EFL）环境（如日本）的学生进入了英语学校，是否由此转变成英语作为第二语言（ESL）的学生。想要做到如此精确可能是徒劳无益的。

ESOL | 非英语母语者英语 (English for speakers of other languages) 的缩写

一个有用的术语，它适用于**英语作为外语 EFL** 和**英语作为第二语言 ESL**，同时以现如今看来有点傲慢的方式承认存在英语以外的其他语言。澳洲使用相反的术语——非英语语言（**LOTE**）——来指现代语言教学。

ESP | 专门用途英语 (English for specific purposes) 的缩写

跟**学术英语 EAP** 一样，它试图界定基于学科领域的研究和训练所需的英语水平；因而就有科学英语、医学英语、石油钻探英语等。专门用途英语的教学和**测试 testing** 已经取得了非常大的进展。但是，尽管它很有吸引力（特别是对那些**研究 research** 和教授自己学科领域的人），它仍然是有问题的。理论上，语言划分并无明确依据，而在实践中，某一特定用途会和其他用途相重叠，且某一特定用途本身又能囊括更为具体的用途，就像中国套盒①一样：例如，医学英语（外科英语（儿童外科英语））。

Esperanto | 世界语

19世纪后期在欧洲发展起来的一组**人工语言 artificial languages** 中最成功的一个。所有这些人工语言的目的都是为了促进国际交流了解。世界语至今仍然很活跃，但其不仅缺乏**母语者 native speakers**，也受限于其狭窄的语言学基础（主要以罗曼语为基础）。

essay | 论文

一种具有扩展性的写作，比**作文 composition** 更正式。通常被作为一种

---

① 一种民间工艺品。其结构是在大盒子中放置形状相似但体积较小的一系列盒子，类似于俄罗斯套娃。——译者

练习，要求学生针对给定主题表达**视角 point of view** 或展开讨论。

ethical code | 道德规范

一个组织对其专业和（或）商业活动的原则性操作方法所做的公开书面声明。

ethics | 伦理

后现代挑战的到来，**批评应用语言学 critical applied linguistics** 的批判，以及对专业精神的广泛接受，加强了人们对伦理要求的意识，以及对将这些意识明确化的关注。这引发了**应用语言学 applied linguistics** 及附属领域的会议和出版物对伦理的讨论，并发布了应用语言学家签署的**伦理规范 ethical codes** 声明。目前尚不清楚，这些努力是否有助于促进应用语言学家的道德行为。尽管有时候"伦理"与公共事务的联系更加紧密而"道德"更多地指私人事务，"伦理"和"道德"常被互换使用；因此，"道德"指个人良知，而"伦理"指公共和职业操守。如同其他领域的专业化一样，应用语言学的专业化促使人们对确定（并公布）什么是所谓的应用语言学家的伦理基础产生了兴趣。似乎的确是这样的，专业化就意味着要有一个伦理立场，但应用语言学与其他专业（长期培训、公共使命）类似，它缺乏老行业（医学、法律）享有的从业资格终止权。另见 **profession 职业**。

ethnic identity | 种族认同

组成个人**身份 identity** 的多种基因和社会特征。见 **ethnicity 种族**。

ethnicity | 种族

构成个人**身份 identity** 的特征组合。这个术语通常仅限于获得性特性（语言、宗教、历史姻亲），但是一些评论家扩展了它的含义，使之包括了遗传性特征（种族、年龄、**性 gender**）。依据巴思（Barth）的观点，种族的定义不是由它的内容而是由它的边界来限定的。因此，成员资格先于它所代表的意义。

ethnography | 人种学

经典人类学**研究 research** 方法，包括近距离观察（通常是参与式观察）和随后的书面报告。在**应用语言学 applied linguistics** 中，该术语所指的是一个重要研究领域，以及对语言使用的思考。另见 **ethnography of communication** 交际人种学、**ethnography of speaking** 言语人种学、**qualitative research** 定性研究。

ethnography of communication | 交际人种学

针对特定社团或环境中**交际 communication** 方法和系统所做的研究，包括**语言 language**、信号系统、文化标志等。

ethnography of speaking | 言语人种学

海姆斯（Hymes）为言语（或**交际 communication**）人种学所提供的一种助记符，提供了**言语活动 speech event** 组成成分的**非位学 -etic** 框架。其论据是，所有这一切在每一个**言语事件 speech event** 中都出现。这些成分包括：设置场景、参与者、目标（目的、结果）、行为顺序（信息形式与内容）、基调（态度方面）、方式（规范和言语风格）、互动和理解的规约，以及体裁（语篇类型）。社团成员具有将这些成分恰当操作化的内在**语言能力 competence**（正如他们有语言能力）。言语能力是**交际能力 communicative competence** 概念的基础。

ethnomethodology | 民俗方法学

作为现象学的社会学附属物，民俗方法学是对常识行为的研究。它感兴趣的**语言 language** 问题是，说话人在日常的互动交际中所做的假设，因此与**会话分析 CA** 有关。加芬克尔（Garfinkel）的违约实验是许多正常人际互动规约性的一个显著例证。

-etic approach | 非位学研究法

在语音学中跟音位的**位学研究法 -emic approach** 相对的方法。非位学的分析更详细，也因此适于个体描述。但应该指出的是，（对于两个个体的）完全不同的两个非位学描述能够调和成一个统一的位学描述。

exceptional learner | 超常学习者

人们普遍认为，在**关键期 critical period** 后才开始第二语言习得的第二语言学习者无法成为母语者。然而，有证据表明，某些（可能是少数）此类学习者确实获得了与**母语者 native speaker** 相同的技能和知识：这些就是所谓的超常学习者。但值得注意的是，一些研究者认为，他们与母语者在认知上仍存有差异。

F

face | 面子

在互动过程中,参与者需要留下自己的正面印象。保持面子,或不丢面子,对自尊很重要,也能在互动中获得他人对自己参与的尊重。不同社会在保持和失去面子的方式上有明显差异。

feedback | 回馈

对话中,听话者对理解了说话人意图的确认。这种确认包括咕哝声、插空的声音(例如"嗯嗯"),通常是无意义的(应酬性的)。在**话语分析 discourse analysis** 中,这些又被称为反馈线索(见 **back-channel responses 反馈回应**)。另见 **phatic communion 寒暄语**。

feminist linguistics | 女性主义语言学

这个议题有几个方向。它们包括:(一)**语言 language** 中的**性 gender** 差异,范围从明显的性别区分(他/她)到语法上的格变化(男性、女性、中性);(二)将女性视为低一等或甚至视而不见(用男性指示词既指代男性也指代女性),这(与英语不同)在有大量语法性别标记的语言中可能更有问题、更明显;以及(三)对所有女性的表述及外观表示社会不认同的语言标记[对女性的谴责性称谓(如泼妇、荡妇),与对等的男性负面称谓的比例失衡是有据可查的]。

field-specific tests | 专门领域测试

见 **LSP** 专门用途语言、**ESP** 专门用途英语。

first language | 第一语言

孩子首先接触到的语言，她或他是该语言的**母语者 native speaker**。相关术语是**母语 mother tongue**（似乎等同于第一语言）、"优势语言"和"家庭语言"（二者与第一语言的意义都有些许不同）。

first language acquisition | 第一语言习得

对儿童语言习得的研究。大量此类研究的数据（涉及许多语言）显示出一致的阶段性进展模式。有人认为，第一语言习得无法复制。而且，如果没有将 Lx 作为母语习得，也没有可能成为 Ly 的**母语者 native speaker**。与此同时，**第二语言习得研究 SLAR** 还在继续讨论，是否第二语言习得重复了第一语言习得的过程（和阶段），或者它有一套迥异而独特的程序。

first language education | 第一语言教育

这个术语有两种使用方式：（一）以第一语言或者家庭语言为媒介的（小学和中学）学校教育。值得注意的是，对于大量（也许是世界范围内的大多数）儿童而言，这是不可能的。这主要是由实际原因造成的（只有少数教师能够使用这门语言，没有教学材料，在极端的情况下，没有书面文字）。**基本人际交流技巧 BICS** 的立场是，没有第一语言的支持，儿童的认知无法发展。有人认为，以第一语言为媒介的教育对于后来的**认知学术语言能力 CALP** 发展是必要的。（二）关于第一语言的教育。从严格的语言学角度看来，这种教育已经不像以前那么普遍了，且就英语而言，现在教学生英语语法的学校已经很少见了。然而，在写作、历史、**文化 culture**、文学等课程里，当然会教有关这门语言的其他方面，特别是语篇和文化。又见 **medium of instruction 教学媒介语言**。

fluency | 流利度

常用于和**准确性 accuracy** 对比。准确性与语言形式有关，而流利度似乎更关注语言的**功能 function**。因此,流利度与维持交际、在恰当的场合就特定主题做超过几秒的发言(或有意义地写作)的**能力 ability** 有关。应当指出的是,流利度没有理论基础且在应用语言学家中没有普遍接受的定义。从这个意义上讲,它是一个原始的(非理论的)术语。

focus on form | 聚焦于形

当**语法 grammar** 问题碰巧在教学过程中出现时对其进行附带教学,被称为聚焦于形。它与**形式教学 focus on forms** 不同。

focus on forms | 形式教学

刻意和显性的语法教学。通常被认为是意识的提升,与**聚焦于形 focus on form** 不同。

folk linguistics | 民俗语言学

人们普遍持有的有关语言的知识和信念,例如对**正确性 correctness** 的看法。同时也指语言学家对这些信念的研究。

foregrounding | 前景化

突显某个不被正常或无标记句法强调的词(或想法)的一种文体手段。

foreign language | 外语

任何不是说话人的**母语 mother tongue** 或**第一语言 first language**,或他(她)并不是该语言**母语者 native speaker** 的语言。在**语言教学 language teaching** 和社会语言学中,"外语"往往被用于一种话语情境,其中教育语言(**目的语 target language**)仅仅或在大多数情况下只是在课堂上使用。这与第二语言的情境不同,第二语言作为非正式语言在社区中普遍使用的语言之一,通常用作学校的教学语言。另见**英语作为第二语言 ESL**。

foreigner talk | 外国腔

针对**非母语者 non-native speaker** 的带有成见的语言；**母语者 native speakers** 同非母语者交谈时所用的简化语言。语速更慢、更响亮、使用简化的**句法 syntax** 和词形，并夸大实词。目前还不清楚，外国人自己是否会这样说话。另见 **simplification 简化**。

forensic linguistics | 法律语言学

使用语言特别是语音技术来考察罪犯的书面和口头证词文本和警方对他们的审讯记录，以及警方对嫌犯的审讯录音。这种分析能判断出文本作者的身份，以及记录是否后来被篡改。与更为广泛的司法鉴定一样，法律语言学的主要工作是寻求这一问题的答案：X（身体、身体部分、口头或书面数据）究竟属于谁？

form | 形式

语言形式指在言语和**书写 writing** 中所使用的结构特征，与这些特征被用来实现的功能相对。

fossilization | 僵化

未完成的或部分的，却无法改变或改进的**语言学习 language learning** 状态。这说明的是，学习者不知为何满足于已达到的阶段，认为对于他的目标而言已经足够了。成人移民往往会达到僵化状态，因为他们生活在这样的一个双语环境中：第一语言被用于许多个人及社会功能，而第二语言（僵化的**语码 code**）只用于特定的公共目的。僵化状态是稳定的：正如同已不可能进步一样，因此也不大可能出现**倒退 backsliding** 和**语言流失 language loss**。也就是说，学习者掌握了一种可用的**中介语 interlanguage**。［虽然第二语言通常被认为代表了僵化状态，但从另一个意义上讲，长年远离母语言语社区的人（如，年轻时抵达了新国家的老年移民）中也可能发现母语僵化，因为其母语很有可能在他们迁移的时候就固定了。对于那些从未回过"家乡"的老年移民来说尤其如此，他们没有或很少有任何输入来补充他们的母语在"家乡"言语社区中所经历的变化。]另见 SLAR 第二语言习得研究。

frequency | 频率

通常用于**词汇 vocabulary** 符号（个体词）的出现次数，其目的是提供不同的列表，以显示在各种书面或者口头话语中最常使用的符号或词条：第一个 1000，第二个 1000 等等。这类列表可供**教学材料 teaching materials** 和**语言测试 language tests** 使用。其假设是，使用越频繁的越容易。这是一个需要受到挑战的假设，因为使用更频繁的词条或者标记往往都比较短且意义模糊，例如"get"或"may"。

function | 功能

如果功能是指如何使用语言（它的目的），那么形式就是功能的表达方式。因此，"一"和"多"的区别是用单数和复数形式表达的功能。"男性"和"女性"的区别是用阳性和阴性的、依照性别区分的形式来表达的功能性区分。语言功能被视为是行为的范畴。因此请求、道歉和投诉都是功能。言语功能（或**言语行为 speech act**）由字面意义（"这里很冷"，是有关室温的阐述）和理解**意义 meaning**（"我想让你们关上窗户""拿披肩""把暖气开大"等等）组成。在英语中，同一形式可以有不同的功能：词尾的 -s 可以表示第三人称单数，也可以表示复数。命令既可以用祈使句，也可以用陈述句来实现："关窗户""关门"（祈使式）；"你一定要关闭窗户""你要关门"（陈述式）。

functional-notional approach | 功能意念法

（亦称**意念-功能 notional-functional** 法，或**意念 notional** 法，常指**语言教学 language teaching** 大纲 syllabus 的设计）。根据学习者需要掌握的且在语言中存在的意义和功能安排内容。它们以某种可能或假定的频率依序出现。在某种意义上,功能意念法是基于意念**语法 grammar** 模型的。该模型假定功能范畴(如时、**性 gender** 和数)是普遍可用的,但存在分布差异。意念语法是传统语法的底层版本。另见 **curriculum 课程**。

G

gender | 性

性在语言中有两个意义：

（一）性别差异在语言中的体现。因此，英文中的男性和女性由"he"和"she"来表示。

（二）语法范畴化中的一种变形方法，即名词根据其变格词尾（或其他形态特征）和一致性规则来区分彼此。在这一语法范畴化中，性别和词的性并没有密切的同构关系。名词的性似乎是随机分配的，指称人类的名词除外，尽管有时候也会出现异常现象：*Das Madchen*（注：德语，意思为"这个女孩"）用中性冠词来指代一个女性主体。看上去，似乎是性的第二种用法曾占主导地位，但是随着它在英语等语言中基本消失（与拉丁语等语言相比），人类性别差异的普遍性变得更加突出，对批评也更加包容。

generalisability theory | 概化理论

经典测试理论的延伸，主要在测量误差上持有不同观点。经典测试理论认为误差是一个单一实体，而概化理论采用了被称为方差分析（ANOVA）技术的统计软件包来估计各种来源对误差的贡献。

genre | 体裁

传统上，体裁被视为是言语事件的一种；因此，可以有学术文章体裁、爱情诗体裁、政治演说体裁。人们有时对体裁和语域不加区分，尽管将语域理解为对某一群体或专业的风格或变体（见**语言变体 language variety**）的描述更有帮助；因此也可以说，律师的语域、赛车爱好者的语域。最近对体裁的讨论受到了**批评话语分析 critical discourse analysis** 的影响，而且变得更加的人种学化，将体裁与**话语社团**相联系，与在社会活动中使用受社会认可的语言的方式相联系；从而赋予某些社会成员权力，而压制其他成员。另见 academic discourse 学术话语、ESP 专门用途英语。

genre analysis | 体裁分析

分析**体裁 genre** 的不同方法包括：（一）系统功能法，包括基于**系统功能语言学 systemic functional linguistics** 的交流和报告研究；（二）**专门用途英语 ESP** 法，提供了一套根据功能定义的阶段、语步和步骤，并将体裁与特定的**话语社团 discourse communities** 联系了起来；（三）新修辞法，语言学色彩不浓，提供了人种学-类型分析，调查社团对使用的广泛观点和信念；（四）**批评话语分析 critical discourse analysis** 法，将**风格 style**、**话语 discourse** 和体裁区分开来，探索体裁如何反映出了社会的象征性资本的分配不均。

grammar | 语法

指词（和短语）的结构规则以及它们在句子中的组合规则。这两类结构称为形态和**句法 syntax**。最简单的说来，语法可被视为一种**语言 language** 的骨架，而句子在**话语 discourse** 和文本中的使用方式则是血肉。人们认为语法也展现说话者的语言**知识 knowledge**，甚至更抽象的、所有人类都具有的语言能力。采用比喻的说法，语法为所有基于规则的社会系统（音乐的语法、广告的语法）提供了一个模型。

grammar translation method | 语法翻译法

传统的**语言教学 language teaching** 方法，涉及显性的语法教学，并将源语言 Lx 与目的语 Ly 间的（双向）互译作为主要的教学练习。这种方法现在还在使用，虽然自 20 世纪中期以来已经用得少了。该方法是为希腊语和拉丁语教学设计（或开发）的。其目标是灌输知识的严谨性，以及传递体现在古典文学经典中的文化价值。它之所以成功，是因为它不涉及口语，只处理有限的语料（两种语言都已死亡），而且教学延续很长一段时间。它向现代外语教学的转移一直存在问题，并且造成了将语言教学作为一门（基于**知识 knowledge** 的）学科和将语言教学作为交际、综合的活动之间的冲突。这两者间的冲突直到今天仍然比较明显。

grammaticality judgements | 语法判断

旨在区分受过教育的母语者和受过教育的高水平的**非母语者 non-native speaker** 的测试。这种测试已被证明在标识或区分**母语者 native speaker** 和非母语者方面比其他分析指标或类型更加敏感。在此类研究中，这两组人在各个方面都是匹配的这点非常重要。当然，涉及儿童语言习得的状况除外。另见 **childhood language acquisition 儿童语言习得**、**SLAR 第二语言习得研究**。

grapheme | 字素

书写系统 writing system 中能够区别意义的最小单位。英文中的 26 个字母是它的主要字素。另见 **phoneme 音位**。

H

hegemony | 霸权

由意大利马克思主义者安东尼奥·葛兰西（Antonio Gramsci）提出的概念。他认为政治控制是通过无形的权力结构来实现的。这一概念认为，吸收工人阶级进入到资产阶级，使其屈从于并认同统治阶级的意识形态，是理所当然的。一个被提及过的例子是，**标准英语 Standard English** 的使用就是这种教化思想的典型核心——尽管反思其发展的历程，标准英语在满足工人阶级而非统治阶级的利益方面作为更多。

heteroglossia | 话语混杂

由沃洛希诺夫（Voloshinov）和巴赫金（Bahktin）建构的概念，认为**语言 language** 的本质是对话式的而不是独白式的，而且没有单一语言这回事，因为所有的语言使用都是与不同言语方式的多样性共存的，而这些不同的方式在不断地相互融合。另见 **language variety 语言变体**。

heteronymy | 同形异义词

指尚未标准化且依赖于相应自主标准的**语言变体 language variety**。加勒比地区的英语变体和所有的正式交际（包括文学创作）使用的**标准英语 Standard English** 构成同形异义关系。

hybridity | 杂合

一种认为语言和文化一直在相互融合的观点：已被用作反对**语言帝国主义 linguistic imperialism** 的论据。

hypercorrection | 矫枉过正

由于对可能的失败太过焦虑，而过度适应**规范 norm**。因此，其适应结果是不适当的。就我自己来说，南威尔士的成长背景及调节适应**标准发音 RP** 的愿望，促使我把开元音转变成双元音，如，把船（/but/）读作→/bəut/；但焦虑会导致双元音的使用不当，由此我把堡垒（/fut/）读作→/fəut/，而外套读作（/cut/）→/cəut/。[①]

hypothesis | 假设

关于语言使用的推测，以可被证伪的方式进行陈述；例如，"坚持四个星期每天学习法语五个小时的学生，在学期结束时会比坚持十六个星期每天学习法语一小时的学生表现好。"这样的陈述是可以被检测的，因此具有可证伪性。假设在**定量研究 quantitative research** 中很常见，通常从一系列**研究 research** 问题出发。假设有时表述为典型的零假设（例如，"实验组和控制组间无差别"）；更多的时候它们是隐含在研究问题中的。采用统计分析来对测试假设为真（更正确地说，它们不能拒绝的）的概率进行正式检验，其中通常包括某种概率声明，表示观察到的差异或关系偶然发生，或者随机发生的概率不到1%（或更普遍的5%）。

[①] 根据牛津英语词典官方网站中有关威尔士英语的语音的描写，oa 通常读作 [oː]，这里作者举例说他读成了 [əu]，就是矫枉过正的表现。（原文网址：https://public.oed.com/how-to-use-the-oed/key-to-pronunciation/pronunciations-for-world-englishes/pronunciation-model-welsh-english/）——译者

I

IAAL | 国际应用语言学协会 (International Association of Applied Linguistics) 的缩写

见其法语缩写 **AILA**。

IATEFL | 国际英语教师协会 (International Association of Teachers of English as a Foreign Language) 的缩写

20 世纪 60 年代成立于英国,其目的是使其国际基础尽可能地与美国的**对外英语教学 TESOL** 组织相区别。从成立开始,国际英语教师协会已经吸引了外国(即非英国的)成员,但目前尚不清楚它在国际上的影响力有多大,或在多大程度上摆脱了英国的霸权控制。类似的批评也可以用于美国的对外英语教学组织。国际英语教师协会的存在是通过会议和研讨会、时事通讯及期刊为所有**英语作为外语 EFL** 的教师提供专业支持:《英语教学杂志》就是由该协会赞助的。

identity | 身份

自我意识,大多数人通过归属或者是希望归属于不同民族团体来实现,其中一些是被赋予的,一些是获得的。语言显然是一个强有力的象征,因为它的使用在交流中不断被强化。如果学习者开始感觉到选择进入到 Ly,他/她正在拒绝自己在 Lx 中的身份,学习一种第二语言,并希望学好,就会导致身份问题。

ideographic | 表意的

一种文字书写系统,其中每个字符(或表意文字)都有一个抽象或传统的意义，与外部现实无关。汉语字素通常被称为表意文字，尽管它们是基于词的，而不是基于概念或事物的。因此把汉字称为表意文字更为合适（虽然并不常见）。

ideologies | 意识形态

"意识形态"用于两个主要意义。一个是指虚假的意识或一组对现实的误解。另一个较为中性，指任何观念系统。这两种意义是有联系的，但第一种意义通常带有贬义。批评性的方法假定了所有**文本 text** 中都渗透了意识形态的含义 / **意义 meaning**，而除了受过训练的分析者外，这些意义并非显而易见。因此，目的是要发掘出这些帮助维持文本结构组合的意识形态力量，同时有助于纠正被挖掘出来的意识形态所引起的社会不公。意识形态在所有类似于**批评应用语言学 critical applied linguistics** 的批评性方法中的作用至关重要。尽管这样，仍然必须记住，和文本一样，分析师也是有思想意识的。费尔克拉夫（Fairclough）把自己称为一个马克思主义者的介绍既坦诚又有帮助，非同寻常地令人耳目一新。

idiolect | 个人习语

每个人的个人**语言 language**；它是属于一个人作为**母语者 native speaker** 的那门语言的。正是个人习语使得一个人可能被（老朋友、家人等）识别出。个人习语朝着**标准语言 standard language** 的中和通常是通过**教育 education** 实现的。完全中和是不会发生的，这也解释了为什么即使是受过高等教育的母语者仍然会在**语法判断 grammaticality judgements** 上产生分歧。

IELTS | 国际英语语言测试系统（International English Language Testing System）的缩写，雅思

自 20 世纪 80 年代后期以来由三个合作伙伴共同经营：英国文化委员会、（澳大利亚）国际开发计划署和剑桥大学考试委员会（UCLES：ESOL）。

雅思是前英国文化委员会**测试 test**，即英语测试服务的继承者；而这个测试本身也是英国文化委员会先前的**测试 test**（英语水平测验）的后续。所有这三项测试最初的开发目的都是确定那些即将在英国（以及后来的澳大利亚）接受高等**教育 education** 的学生是否已经达到了求学所需的英语水平。最近，雅思的范围已扩展到覆盖多个专业组织（例如，英国的医生和护士）以及进入澳大利亚和新西兰的移民。雅思目前有两个版本：学术类和培训类。它们共享两个模块（口语和听力），并有独立的阅读和写作模块。雅思是由剑桥大学考试委员会开发和管理的。如今，在全年的固定日期，世界各地的雅思考试中心都举行雅思考试。另见 **ability** 能力、**academic discourse** 学术话语、**proficiency** 水平、**TOEFL** 托福。

ILTA | 国际语言测试协会（International Language Testing Association）的缩写

于 1999 年成立，其目的是促进**语言测试 language testing** 在实际中的良好应用。它赞助了《语言测试》杂志和年度会议（与国际语言测试大会 LTRC 共同赞助），为语言测试研讨会提供资金支持，并为最好的期刊文章、硕士和博士论文颁发年度最佳奖。它的网页提供了有关国际语言测试协会、其现任官员、**伦理准则 code of ethics**（见**道德规范 ethical code**）和当前语言测试活动的信息。

imagined communities | 想象共同体

本尼迪克特·安德森（Benedict Anderson）对何谓以国（以及，"加以必要的修正"，何谓以**语言 language**）所做的比喻性的解释。他指出，我们中的大多数人生活在这样的一个社会当中，这个社会的绝大多数成员我们都从未遇到过。那么我们何以把彼此视为同属一个民族呢？他提出，这是因为我们属于一个假想的社团，我们假定它的**规范 norm** 和惯例与我们自己的相对应，哪怕只是部分的。把安德森（Anderson）的观点和布拉斯（Brass）对国家符号界定的讨论联系起来是有帮助的，这些诸如种族、宗教、语言和历史的符号，其中一项就可能足以培养独特的民族感。另见 **nation and language** 民族和语言。

immersion | 浸入

浸入式教学是由兰伯特（Lambert）及其同事在蒙特利尔首先开发的，以响应加拿大政府提出的把加拿大建设成为一个双语国家的决定。这对魁北克的很多单纯讲英语的父母是一项特别的挑战。他们自己只会说一点或者完全不会说法语，而他们的孩子则上用英语授课的学校。沉浸式教学项目为那些不是以法语为母语的孩子提供了完整的用法语授课的课程。这些项目行之有效。通过它们，许多以英语为母语的孩子的法语达到了接近母语的**流利度 fluency**，而其英语的流利度也没有损失。项目在加拿大各地和其他地方得到了广泛推广，从而孵化出了多种替代方案，包括半浸入。浸入式教学也有弊端：毕业生尽管成功地学会讲法语，但毕竟不是**母语者 native speakers**，他们不能像以法语为母语的学生一样默示地掌握法语语法。这可能是出于政治和宗教原因，他们和以法语为母语的孩子在学校里被分开了，因此缺少同龄人之间的法语交流。应该提到的是，加拿大的浸入式教学并不新鲜——殖民政府通常以殖民者的语言为当地儿童提供**教育 education**。加拿大模式的不同之处在于，它是自愿的，而且对**目的语 target language** 是否是有声望的语言存有某些疑问。另见 **bilingual education** 双语教育、**colonial discourse** 殖民话语。

impact | 影响

测试 test 对个人、教育系统和更普遍的社会的影响作用；换句话说，对所有可能的利益相关者的影响。另见 **washback** 反拨效应。

implicational scaling | 蕴含量表

一种统计技术，其假设是在任何级别获得成功意味着在所有比其低的级别也能成功。目的是为了展示第二语言习得的一种普遍顺序。这种方法或许存在局限——有人声称这种技术是单维的，因而未能顾及**语言运用 performance** 中的所有其他变量。另见 **scales 量表**、**SLAR 第二语言习得研究**。

indigenous African languages | 非洲原住民语言

非洲土著的语言，因此不包括诸如法语、英语和葡萄牙语之类的定居者和殖民者语言。真正的土著到底指什么，当然总是有争议的，因为我们现在认为的非洲语言本身就是某个历史时期的舶来品。"最古老的住民"可能是个更具描述性的术语。

individual differences | 个体差异

正如社会学研究团体及它们之间的相似性（以及它们和其他群体之间的差异）一样，心理学研究个体及其差异。**测试 testing** 依赖的基本前提是个体在身体和心理上都存在差异，而测试的目的是测量和描述这些差异。个体差异的概念也被用于**第二语言习得研究 SLAR**，以考察**语言学习 language learning** 结果的差异。人们已提出了三套解释性的因素：社会、认知和情感；但该领域仍有待于一个综合理论来解释语言学习中的个体差异。另见 **grammaticality judgements 语法判断**。

informant | 语料提供人

语言或语音的语料提供人（通常）指研究者正在调查的**语言 language**（或语言变体）的**母语者 native speaker**。无论在语言学还是人类学中，传统的做法是通过现场讯问语料提供人来完成实地调查工作，但现在的技术提供了替代面对面访谈的方法。另见 **language corpus 语料库**。

Initial Teaching Alphabet | 启蒙教学字母表

见其缩写 **ita**。

input | 输入

儿童语言习得 child language acquisition 要顺利发展，需要两个因素。首先，孩子本人必须正常经过各个发展阶段。其次，**语境 context** 必须提供给他/她足够的**语言 language** 活动，包括与孩子的直接互动，以及在此情境中发生在其他人之间的互动，但能被孩子听到。这就是输入。没有输入，无论多聪明的孩子都学不会说话。请注意，提供输入的人不必是孩子的父母或其他家庭成员。虽然，最常见的是这些人，但任何看护人都可以提供必要的输入。而且这种输入在孩子入学之后也不会停止。入学后（或更早），孩子的同龄人（和老师）会提供更多不同的输入，就像许多富裕国家的当代电子媒体一样；同样，这种输入也不会在成年后结束，因为我们都在继续学习语言，特别是一些新的词汇。就第二语言习得而言，输入也是同样必要的，而且更难以提供，尤其是在典型的外语课堂上。毫无疑问，这是许多**第二语言教学 second language teaching** 进展缓慢和失败的主要原因。另见 **output 输出**。

institutional language | 机构语言

某些机构或组织的成员在工作时所使用的**语言 language**。这表示机构语言是处于个人和公共**语言使用 language use** 之间的。**语言规划 language planning** 的目的之一是支持机构语言在工作场合的使用，而不是导致语言使用的完全转向。

intelligibility | 可理解性

口语样本能够被理解的容易度。它受许多因素影响，包括**口音 accent**、**语调 intonation**、语速、停顿的位置和长度以及"听者"对说话人所要表达的信息的预测能力。

interaction | 互动

如果**语言 language** 的主要目的是**交际 communication**，则所有的语言事件都涉及互动。这一观点大体上一定是正确的，因为语言是典型的"对话式"而非"独白式"的（除了日记、自言自语和疯言疯语之外）。甚至在看似孤独的**书写 writing** 中，作者脑海里也是有读者存在的。然而，人们还是不愿意完全放弃个人的自主性，因为人们也假定语言是思考的工具。简而言之，这可以被称为与自己的交流，但这却嘲弄了在我们日常生活中占据多数的"双人交流"。继维果茨基（Vygotsky）和巴赫金（Bahktin）之后，**语言建构主义 social constructivism** 使互动成了所有语言分析和应用（包括语言教学和**评估 assessment**）的主要内容。**社会语言学 socilinguistics** 致力于宣扬**交际能力 communicative competence**，以及语言是社会关系组成部分的观点，不那么极端地讲，它对互动的关注已成其中的核心。

interlanguage | 中介语

学习的实质是不断尝试做出正确选择并舍弃错误选择。在第二语言学习中，威廉·奈姆瑟（William Nemser）把这一过程叫作"近似系统"，而科德（Corder）追随塞林克（Selinker），推广了"中介语"这一术语。中介语是一种动态的而稳定的状态，因此不会僵化。不过，如果它停止发展，则有僵化的可能。许多第二语言习得研究都涉及阐述中介语发展在多大程度上是基于规则的。另见 **fossilisation 僵化**。

International Association of Applied Linguistics | 国际应用语言学协会

见其法语缩写 **AILA**。

International Association of Teachers of English as a Foreign Language | 国际英语教师协会

见其缩写 **IATEFL**。

International English | 国际英语

见**英语作为国际语言 English as an international language**。

International English Language Testing System | 国际英语语言测试系统
见其缩写 **IELTS**。

International Language Testing Association | 国际语言测试协会
见其缩写 **ILTA**。

intonation | 语调
音调和韵律系统化的使用，用以传达词本身所表达意义之外的附加信息。

IRT | 项目反应理论（Item Response Theory）的缩写
在当前教育测量（包括**语言测试 language testing**）中广泛使用的一种理论，提供了同时考虑受试者能力和**测试项目 test item** 特征的方法。

ita | 启蒙教学字母表（Initial Teaching Alphabet）的缩写
由皮特曼（Pitman）基金会在 20 世纪 70 年代资助的一个项目，它本身用乔治·萧伯纳（George Bernard Shaw）不动产中的特定遗产，开发了一个新的英文字母表。其目的是缩短儿童早期教育的时间，让他们学会轻松阅读。萧伯纳本人也曾尝试过所谓的改进式拼写，他认为更接近于口语发音的书写字母表可以达成这个目标。启蒙教学字母表就是为此开发的。启蒙教学字母表包括 42 个字母：24 个标准的小写罗马字母和其他一些变形之后的罗马字母。每个字母代表一个音位。开发了**教学材料 teaching materials**，并在英国和加拿大招募了一些学校参加该项目。对该项目的评价是正面的。测试结果表明，孩子确实学会更快速的阅读。然而，这个项目有两个问题。第一，虽然专门开发的启蒙教学字母表材料丰富、设计精良、很有吸引力，但使用传统正字法（t-o）的实验对照组用的却还是老旧的材料。因此，使用启蒙教学字母表学校的成功被认为可能是一种"光环效应"。第二，当使用启蒙教学字母表学习的孩子们完成阅读**大纲 syllabus** 时，他们发现转而去阅读正常书籍和论文的正字法会很困难。

事实上，当他们最终完成这种转换时，他们又回到了与对照组孩子们一样的水平，这些对照组的孩子们花了正常长度的时间去学习阅读，当然在此过程中他们已经掌握了传统的正字法。如今很少听说启蒙教学字母，它很可能一直就是一个注脚，除非某些独裁者决定所有现有英语书籍都转而使用启蒙教学字母表。这似乎也不大可能会发生。另见 **curriculum** 课程。

J

jargon | 行话

"行话"有两个含义:(一)属于特定行业或**职业 profession** 的一群人所使用的言语或**书写 writing** 语。这个术语通常是带贬义的,外部人常会说:"他们在说行话(即,我们没说)"。该术语表面上也许比**语域 register** 更易理解,因此可能被视为语域的民间观点,语域的细节和特征需要专家分析,而行话只涉及某些**词汇 vocabulary** 条目。(二)一种通过洋泾浜化而产生,但尚未稳定的语言形式;有时也被称为皮钦语前变体。另见 **language variety** 语言变体,**pidgin** 皮钦语。

K

kinship terminology | 亲属称谓

不同文化用以表达对人际关系特定看法的语言方式能帮助我们洞察那些文化,同时也有助于我们思考不同文化对关系的感知通常迥然不同,而这些感知的语言实现方式又在多大程度上可以被视为语言差异或(仅仅是)文化差异。这一① 思考使人们觉知并触及根本性的语言-文化**互动 interaction**。见 **culture** 文化。

knowledge | 知识

在**应用语言学 applied linguistics** 中,这个术语的两个用途尤为相关:(一)区分成功学习者和不成功学习者的知识;(二)作为**权势 power** 关联物的知识,从而代表权势,同时排除没有这些知识的人:"不相应地建构一个知识领域,就没有权势关系。"(福柯[Foucault])。

---

① 原文是 The,根据上下文,这里改为 This。——译者

L

language | 语言

人类主要的**交际 communication** 系统,人类婴儿将其作为正常发育的一部分而习得。语言是一种语言实体,也是一种文化、社会和历史实体。有人认为,语言让人们彼此分开,而索绪尔(Saussure)认为,是语言将人们联系在一起。这两种观点都有一定的道理。

language acquisition | 语言习得

儿童语言习得 child language acquisition 的广义视角,既包括第一语言也包括第二语言。显然,在所有这些情况下,习得的是(一种)语言。虽然第一语言和后续习得语言之间的区别很重要,但目前尚不清楚,这种区别在第一语言和第二语言的习得过程中造成了多大程度的差异。另见 **critical period** 关键期、**first language acquisition** 第一语言习得、**language learning** 语言学习、**SLL** 第二语言学习、**SLAR** 第二语言习得研究。

language and the law | 语言和法律

与其他职业活动相比,法律更可能是一个**语言 language** 问题。法律是用语言书写(或是表达)的,其理解和解读依赖于分析和读本,其裁定也以语言记录。因此,改变作为法律**媒介 medium** 的语言困难而缓慢,也就不奇怪了。改变语言可能意味着改变所有的解释,可能意味着改变法律本身。在大多数说英语的前殖民地国家,英语仍然是高等法院和法律书面资源库的语言。另见 **ESP** 专门用途英语、**medium of instruction** 教学媒介语言、**profession** 职业。

language aptitude | 语言学能

个人拥有特定**语言学习 language learning** 能力的程度。**研究 research** 尚不清楚语言能力**变量 variable** 是否存在；各种能力测试都试图界定和衡量其**构念 construct**。最著名的测试仍然是卡罗尔（Carroll）和萨庞（Sapon）现代语言学能测试和语言学能测量表。语言能力倾向测试通常声称仅根据界定清晰的学习成果或独特的方法来预测成功。各种能力被认为是有助于学能的，诸如语音编码、语法敏感、背诵学习和归纳学习等能力。理解脱离情景数据的能力和幼年时期**第二语言学习 SLL** 的经历也被认为与语言能力相关。另见 **ability** 能力、**aptitude** 学能、**context** 语境、**methodology** 方法论。

language attitude | 语言态度

态度，指针对某一刺激（物）做出一贯正面或负面反应的特性倾向。刺激（物）可以是人，物体或者概念。态度较之信念或者观念来说会更具有稳定性，更不容易因为接触到事实而发生改变。在**应用语言学 applied linguistics** 中，这种刺激（物）是某种语言或者是说这种**语言 language** 的人。**语料提供人 informant** 能在多大程度上区分开这两者还不甚清楚。同样，对这两者的正面或负面态度的表现也还是未知的。例如，French 既可以指法国人又可以指法语。态度量表被广泛地运用在应用语言学中，用以研究**第二语言学习 SLL** 的**动机 motivation**。在很多上述的研究里面用到了**变语配对法 matched guise technique**，它部分建立在奥斯古德（Osgood）创立的语义分化法的基础上。

language attrition | 语言磨蚀

个人和社会的**语言流失 language loss**。个人的流失有这样几种形式：（一）因缺少使用机会所造成的（所谓的"先进后出"原则或者是里博规则）

后来习得语言的流失；(二)由于缺乏应用而造成母语流失，在移民中非常普遍，也会因衰老和事故而发生：在老年痴呆症，或因事故引起失语症的状况下，这种流失也会变成病理性的；(三)仅部分习得语言的流失(一般指在学校中)，这种情况几乎不能被认为是"流失"，因为习得的实在是太少了。在社团中，一种语言的流失通常指这一社团的人数在减少，或者已经正在被边缘化的过程中，并且与某种**更广泛交流语言 LWC** 关系密切，这种语言在社团**语言更替 language shift** 过程中正在取代社团语言的公共功能，并且在恰当的时候取代它的私人功能。这些不同类型的语言流失综合起来被认为是语言磨蚀。

language awareness | 语言意识

语言意识(有时会用一个更好的名称，即语言学意识)指的是对语言整体上的元语言理解。不可避免地，这种元语言理解是通过某种特定的语言，或者少量语言来传导的，但是它意味着能够被普遍应用。现已开发了中学的语言意识教学大纲，其理念在于一个受教育的人应该拥有语言学**知识 knowledge**(比如**语法 grammar** 是什么，语言如何与政治相互影响，声调语言与非声调语言有何不同)，这些知识对**语言学习 language learning** 是很有益处的。至今还没有证据来支持后一种观点。另见 **metalanguage 元语言**。

language contact | 语言接触

语言与语言之间相互影响时(例如，词汇借用就可证明)，我们说它们发生接触，而这种影响大部分是单一方向的。所以说，马来语影响英语(如词汇 *amok*)，但是英语对马来语的影响更大。在一些情况下，语言接触广受欢迎：人们常说，英语的巨大力量在于它的大量**词汇 vocabulary**，这是它对其他语言持开放态度的产物；而有些情况下是相反的：直到最近，法语还在为反对英语术语的入侵而激烈斗争。语言接触来源于地理位置的接近(英格兰和法国，威尔士和英格兰)，尽管这种接近可能会让人反感，从而造成对接触的抵制（德国和法国）。但是，正如法语-英语的例子，抵制往往是官方的，不会对个人选择产生影响。接触同样也来源于政治干涉，特别是移民（西欧的拉丁语）和经济入侵。现今的一个例子是美国的全球主义，随之带来美式英语的影响。这种影响扩大了英语的学习范围，并且，部分地将美式术语引入正在经历全球化的国家中。另见 **lexis** 词汇群。

language corpus | 语料库

从大量单个文本中抽取出来的、包含数以百万连续词汇的**文本 text** 集合。它是电脑可读的，可应用于软件，比如**词语索引 concordance**，它可以查找、列举并筛选出语言表达规则。语料库是为语言学分析而设计的，以便为基于某种社会语言学理论抽取的**语言变体 language variety** 提供一系列描述。有些学者认为语料库提供的语言资料比**语料提供人 informant** 所能提供的更丰富，但是持怀疑态度的观点指出，不管取样多么广泛，语料库仍可能随机忽略掉关键的信息，例如一星期中某一天的名称。

language death | 语言灭绝

当一种**语言 language** 不再有**母语者 native speaker** 时，语言灭绝就发生了。这个语言本身也许会以某种形式继续存在，譬如拉丁语仍存在于罗马天主教中。但是，拉丁语仍然被看作一种灭绝的语言而不是一种活语言。一种语言通常在某一时刻（某个临界点上）开始衰落；然后，它就逐渐消亡，并且这种灭亡不可逆转。这个转折点具体在什么时候出现仍然不甚清楚。如今，也许在官方意识到这种语言在衰亡，并且做出努力，通过**语言维护 language maintenance** 来拯救这种消亡的时候，很可能这已经为时太晚了。一个简单的经验法是，活语言可以自己存活下去。衰落的迹象很容易被注意到：专有名词的融合渗透（例如，在威尔士，英语"David"取代了威尔士语"Dafydd"），特有音位系统的被替代，形态特征的丧失（例如，罗曼语族中拉丁语的语法格结尾）以及它们通过句法重组被替代，还有音位声调的削减（比如普通话和广东话）。另见 **gender** 性、

native speaker 母语者、phonology 音系学、syntax 句法。

language decline | 语言衰弱
指一种语言的使用者流失大于获得的阶段。因此，这就预示着它正走向**语言灭绝 language death**。

language distance | 语言距离
指语言之间具有相似语言特征的程度。那些在历史上属于同类的语言看起来似乎有更多的共同点（例如日耳曼语言）。有观点认为，语言距离影响**第二语言学习 SLL** 的难易程度：因此，相比英语母语者，讲法语的人会觉得西班牙语更容易习得。

language event | 语言事件
任何涉及语言的孤立情境。因为大部分情境涉及语言的互动，这个术语表明语言才是关注的焦点。

language for academic purposes | 学术语言
见其缩写 **LAP**。

language in education | 教育语言
这个术语有两种用法。不太常用的用法是指学校和大学等机构里的第二语言教学。这类教育实践更普遍的叫法是"教育中的语言"。是教一种语言还是多种语言，都是有问题的，特别是在讲英语的国家，多种语言的教学在**课程 curriculum** 中越来越不被重视。相反，出于同样的原因，由于英语教学在任何地方都占主导地位，非英语国家中非英语语言（**LOTE**）的相关课程也越来越少。理据是复杂的；毕竟，如果语言主要是用来**交际 communication** 的，就没必要再教除英语以外的其他任何语言了。如果从另一个角度来看，语言是为了理解的，那么我们也许就需要其他语言。

经济和政治角度也是冲突的：从经济方面来考虑，为了追求规模的经济性，只用英语教（以及训练老师和详述**教学材料 teaching materials**）是有道理的。从政治上考虑，这对非英语国家来说是非常令人厌恶的，在他们看来，这种做法是霸权式的。教育语言更通常指语言在课程中所扮演的角色：这指语言进入、辅助每门学科的教学与学习，以及使其复杂化的方式。我们这里说"语言"，但事实上这意味着在中小学和大学中给予第一语言（L1），或者更准确地说，给予作为**教学媒介语言 medium of instruction**的语言更多的重视。这样的规划在"学科通用语"的主题下被整合到一起，在 20 世纪 80 年代十分活跃，但是现在少了。另一方面，教育语言，也指中学里语言学**知识 knowledge** 的传授。这与对语言意识的关注有关，并被一些人付诸实践，他们希望看到语言学被更广泛地理解，并鼓励大学的学科学习要在高中打好基础，很多热门学科（例如数学和历史）就是在那里培养起来的。当然，还有其他学科像语言学一样没有这样的先导课程，像心理学和工程学这样的学科。另见 **hegemony** 霸权、**language awareness** 语言意识。

language laboratories | 语言实验室

20 世纪 60 年代，低价可以购得的录音机为教授目的语二语的口语部分（包括自主学习）提供了更丰富的机会。语言实验室是一些有着录音机的房间，由一个中心控制台所控制，通过它教师可以指导、辅导并纠正学生们的练习。在更高级的情况下，学生们还能够通过控制台互相交流以及操作一个视听程序。计算机硬件的后续发展和改进使得语言实验室看起来多余了：计算机辅助的语言学习可以自主学习，并且不需要一个特定的实验室，还可以在任何地点提供与其他学习者互动的机会。正如移动电话所具备的功能。另见 **audiolingual** 听说教学法、**CALL** 计算机辅助语言学习。

language learning | 语言学习

借助**第一语言习得 first language acquisition**（也叫儿童语言习得 **child**

language acquisition)和第二语言学习 SLL 的区别,以方便地区分第一和第二语言学习的术语。有时还会有更为细致的区分:课堂的第二语言学习叫作**第二语言学习 SLL**,而非课堂的学习叫作习得。然而,关于第二语言学习的**研究 research** 被广泛地认为是第二语言习得研究(**SLAR**)。

language loss | 语言流失

个人第一或第二语言能力的丧失,或者一个社团传统语言的丧失。另见 **language attrition 语言磨蚀**。

language maintenance | 语言维护

为防止**语言灭绝 language death** 所做的努力。语言维护通常是某个官方机构设置的项目,提供教学(包括语言媒介班)、书面材料和其他机会,帮助人们听、说,然后使用语言。它的极端形式是,在各种官方功能中强制人们使用被维护的语言(如爱尔兰的爱尔兰语,威尔士的威尔士语)。意识到有必要维护语言也许预示着**语言衰弱 language decline** 已经很严重了。另见 **medium of instruction 教学媒介语言**。

language planning | 语言规划

有两种运作模式:宏观的和微观的。宏观的语言规划被称为地位规划,包括**官方语言 official language(s)** 方面的立法,教育**课程 curriculum** 的选择和**少数民族语言 minority language** 的相关规定,其中包括语言维护、复兴、更替方面的问题。微观的语言规划,指的是语料库规划或者语言工程,是针对一种语言的现代化建设,使得它的**语法 grammar** 和**词汇 vocabulary**,包括**话语 discourse**,适用于当下后工业化和全球化世界。这意味着,语料库规划在发展中的社会最为明显,其中殖民地语言已成为官方语言和教育中的**教学媒介语言 medium of instruction**,而当地语言在科技写作中被很少使用。决定把当地语言作为官方语言,需要做许多工作,让新的官方语言适用于现代。马来西亚是个典型的例子。语料库规划有着很长的历史，包含国家及学术机构的研究工作，如成立于17世纪的法兰西学院，还有诸如大学出版社的其他机构和英国广播公司BBC，都致力于构建标准语的规范，并在此过程中促进了语料库规划。规定主义的历史和语言正确性的概念及表现都与此相关。另见 **prescription 规定规则**。

language proficiency hypothesis | 语言水平假设
在**双语教育 bilingual education** 的项目中，这一假设预测目的语(Ly)的水平决定着目的语(Ly)的阅读能力。与之相反，能力迁移假设预测，决定目的语(Ly)阅读能力的是源语言(Lx)的阅读能力。另见 **language proficiency tests 语言水平测试**。

language proficiency tests | 语言水平测试
出于语言之外的目的对语言能力进行的测试，与语言**学业成绩 achievement** 测试相反，后者是为了测量语言能力本身。因此，英语中的**托福 TOEFL** 或者**雅思 IELTS** 考试是为了确定，比如，**非母语者 non-native speaker** 的学生是否有足够的英文能力来完成以英语为媒介的大学教育。与学业成绩测试不同，水平测试并不基于某一个特定的教学课程。虽然实行世界范围内的**标准化 standardisation**，水平测试通常针对某个特定的情况：托福 TOEFL 仍旧主要与那些想在美国学习的人有关，因此它应用**美式英语 American English** 也是合理的。诸如**托福 TOEFL** 和**雅思 IELTS** 这类成熟的水平测试衍生出对教学的**反拨效应 washback**，体现在应试的课程和教材中。这样，它们越来越多地被用作学业测试。这种成绩-水平的动态变化导致新的水平测试被设计出来。另见 **language proficiency hypothesis 语言水平假设**、**testing 测试**。

language programmes | 语言项目
配备新的**教学材料 teaching materials**，有时是新的**方法论 methodology**

的项目，旨在复兴**第二语言教学 second language teaching**。

language rights | 语言权利

人权的扩展，例如自由演说和自由集会等的权利被扩展到语言。代表着认同自己的第一语言，保护并全面发展它的权利。将其看作根本的个人权利，是那些对英语持**语言帝国主义 linguistic imperialism** 观点的人的立场。但在最近的后殖民主义的讨论中，关于**话语混杂 heteroglossia** 和**话语杂合 hybridity** 的概念得到推进，开始挑战语言权利支持者们的观点，即**语言主义 linguicism** 正在摧毁语言和文化。另见 **culture 文化**。

language shift | 语言更替

(少数、移民、孤立的)社团放弃自己的第一语言，先转向**双语 bilingualism**，继而转向一种新的第一语言(主流社区的第一语言)的过程。更替首先发生于公共领域(有时宗教性的话语除外)，直到母语仅存于亲密的家庭环境中。语言更替一旦发生，则很难甚至也许不可能发生逆转，并导致**语言灭绝 language death**。另见 **language maintenance 语言维护**。

language standards | 语言标准

这个术语用于两种情况：(一)指**语言教学 language teaching** 课程的期待结果，通常表现为描述语的列表。描述语可能以量表形式出现，比如9分量表，9意味着标准被完全满足；(二)指伦理或实践准则，规定了**职业 profession**(语言教师、语言测试者等等)对自身进行评判时所遵循的标准。另见 **codes 语码**、**scales 量表**。

language teacher education | 语言教师教育

这是一个绝好的语言歧义的例子；但是我们这里指的是对语言教师的教育。在一定程度上这取决于他们教授的层次：教五岁大孩子的老师与大学教师的需求不同。然而，他们都需要接近母语者**水平 proficiency** 的**目的语 target language** 能力、语言系统（如**语法 grammar**）的**知识 knowledge**，以及对于语言是如何构建和如何使用的元语言意识。他们需要知道如何从语音学的角度来分析学生的**口音 accents**，这样才能够诊断出问题并提供**发音 pronunciation** 上的、包括韵律和**语调 intonation** 的补救措施。大学老师更可能被要求做一些补救性的工作。所有老师都需要知道语言是如何习得的和它们在社会和认知方面的用途是什么。换而言之，他们需要**应用语言学 applied linguistics** 的训练。这两组老师的区别在于，小孩子的老师必须关注早期语言习得的发展，而大学教师需要知道**语言变体 language variety** 是如何与其他相联系，语言是如何发展的，以及**标准语 standard language** 是如何又是为何发展的。另外，大学教师当然需要广泛阅读目的语的文献和它的历史，在其中找寻语言变体的例子。许多（也许大部分）修过应用语言学研究生课程的人都参与了或将来会参与语言教师教育。因此，语言教师教育的需求会影响到应用语言学的训练内容，也就不奇怪了。另见 **metalanguage 元语言**、**SLAR 第二语言习得研究**。

language teaching | 语言教学

与"历史教学"或"数学教学"相似，这个术语指对一门语言的教学。它被广泛应用于第二语言、外语和古典语言的教学。在较少的情况下，它也指第一语言的教学，虽然它通常只是指部分领域（阅读教学、写作教学、文学教学）。语言教学和比如历史教学在多大程度上应被看作是对等的、类似的教学活动，还不甚清楚。从学校体制上来看，它们被同等对待，但由于语言教学需要大量的技能习得，也许跟它对等的应该是音乐而非历史。

language testing | 语言测试

开发和应用语言测试的活动。作为一项心理测量学的活动，语言测试传统上更关注测试的产生、发展和分析。近期较为重要且合乎伦理的语言测试方法更重视语言测试的应用。语言测试的目的是为了判断个人的语言**知识 knowledge** 和（或）**能力 ability**，以及区分个人与他人的能力。这种能力也许具有不同的类型，像**学业成绩 achievement**、**水平 proficiency** 或**学能 aptitude**。测试与量表不同，它包括为了推断出语言能力而特设的任务。术语"语言测量"和"语言测试"可以自由替换，尽管前者的应用在某种程度上更广泛，还包括课堂的学习测试和机构的考试。语言测试活动由语言测试者执行，他们中很少有人是全职做这个工作的。他们也许是（他们经常是）语言教师，有时是应用语言学家。然而，**应用语言学 applied linguistics** 主张语言测试是一项应用语言学活动，但语言测试者则很少将自己视为应用语言学家。另见 **critical language testing 批评语言测试**。

language use | 语言使用

一门语言是对一套受规则约束的系统（音位的、语法的、语义的和话语的等等）的运用。它们被那些控制它们的人使用，不过在一定程度上是出于一系列的目的，从最公共和正式的（如誓言、婚礼典礼、法律合同）到最个人的目的（家庭谈话、爱人间的亲昵）。有趣的是，在这两个极端上，我们都能找到规约性的和程式性的话语。**创造性 creativity** 和独创性在中间地带最兴盛。在 20 世纪中期，语言使用主要是应用语言学家和其他应用学科学者关心的问题。近期，随着乔姆斯基理论的衰落，语言学和语言学家更多地关心语言使用及其为他们的（经常是）功能性理论提供的数据。

language variety | 语言变体

"变体"这个术语应用非常广泛，包括从**语言 language** 作为一个变体到一种**方言 dialect**、一个语域、一个特定领域的应用，甚至是一种**风格 style**。任何表现为系统的而非随机的语言使用都可以称作变体。因此，这个术语是有用的，虽然有可能是难以定义的。另见 **ESP 专门用途英语**。

languages for specific purposes | 专门用途语言

见其缩写 **LSP**。

languages other than English | 非英语语言

见其缩写 **LOTE**。

langue | 语言

语言 language 的法语词，被索绪尔（Saussure）用来指社会团体所共用的语言系统。索绪尔认为，语言是一个社会现实，在个体无法改变的系统中被紧密地组织在一起。变化的是**言语 parole**（= 言语 speech）；如果社团接受了变化，那么就会引起系统（语言）本身的变化。索绪尔提出的理想化的同质社团，即所有成员共享同样的语言，反映在乔姆斯基（Chomsky）理想化的说话者/听话者的概念中：在他的概念中，个人的**语言能力 competence** 与社会的语言对应，个人的**语言运用 performance** 与社会的言语对应。索绪尔的构念有助于解释**母语者 native speaker** 之间是如何通过某种方式彼此互动并相互理解，但是他对语言-言语的区分受到了挑战，尤其是语料库语言学家们的挑战，他们坚持认为这个区分没有必要，因为**语言使用 language use** 本身既有创造性又有规律性。

LAP | 学术语言（language for academic purposes）的缩写

为学术目的的语言；拓展到其他语言的**学术英语 EAP** 方法。值得注意的是，目前许多（如果不是大多数的话）学术写作是用英语的，因此英语占据着独一无二的地位就很容易理解了。如此一来，如今的学术语言在很大程度上等于学术英语。另见 **academic discourse 学术话语**。

learnability hypothesis | 可学性假设

（又见 **teachability hypothesis 可教性假设**）这一假设认为，教学在**语言 language** 的某些方面可以加快学习速度，但是无法使学习者跨越自然阶段。教学能做的是帮助学习者迅速转入下一阶段的学习。

learning strategies | 学习策略

成功语言学习者所特有的品质。首先，它们是积极参与的策略。**研究 research** 表明学习策略有四大范畴：元认知策略（例如学习时间规划）；认知策略（例如背诵**单词 vocabulary** 的技巧）；情感策略（例如应对挫折和增强**动机 motivation** 的途径）；社会策略（例如组织团队和假装理解）。这些研究的一个目的在于帮助不够成功的学习者，尽管很显然，能够帮助一个学习者的策略未必适合另一个学习者。

learning style | 学习方式

学习方式有认知和情感两个维度。一方面有个人偏爱的信息处理方式，另一方面也有个体与人交往时所偏好的方式。**第二语言习得研究 SLAR** 聚焦于场独立和场依存两种截然不同的学习方式。场独立的人整体地看待事物，因此不辨认组成整体的部分。但是他们认为社交既简单又有趣。那些场独立的人看事情更具有分析性，但是他们不太倾向于社交。有假设认为，场依存的人在非正式的**语言学习 language learning** 中学得更好，而场独立的人在更正式的学习中做得更好，这在研究文献中得到支持。将学习方式应用于教学相当简单直接，但是它的效果完全依赖于学习方式本身是否是真实可信的。

lect | 方语

语言变体 language variety 的别称，也叫**个人习语 idiolect**、**社会方言 sociolect**、**地域方言 dialect**。"lect"和"variety"同样都指地理意义和社会意义上的方言。

LEP | 有限的英语水平（limited English proficiency）的缩写

用来表示英语第二语言学习者的术语中的一个。其他术语有**英语作为外**

语 EFL、英语作为第二语言 ESL 和非英语背景 NESB。因为这些术语是基于水平缺失的推定，所以它们被认为是消极的，对非英语使用者是有贬损的：因此有了术语非英语母语者英语 ESOL 和非英语语言 LOTE。

lexicography | 词典学

编纂词典 dictionary 的艺术和手艺。词典学的分析和选择依赖词汇学 lexicology 的前期工作和研究。

lexicology | 词汇学

研究一门语言的词汇 vocabulary 条目（词位），包括它们的意义和关系，以及形式 form 和意义 meaning 的历时变化。另见 lexicography 词典学。

lexis | 词汇群

一种语言 language 的词汇 vocabulary（包括单词和短语），语法 grammar 的反义词。

Likert Scale | 李克特量表

顺序量表 scale 的一种特定类型，典型地用于调查问卷以测量受访者态度 attitude 或属性的相对数量。受访者被邀请记录他们对一系列论断的认同程度，例如"该测验是对阅读能力的公平测量""有足够的时间""指令是混乱的""文章很难"。受访者的反应通常用 5 级量表上的五个范畴来表现：强烈同意、同意、不确定、不同意、强烈反对。计分方式是一个赞成的回应（强烈同意）计为 5，而一个不赞成的回应（强烈反对）计为 1。赞成的和反对的观点通常分散开来以避免光环效应。从调查问卷得来的分数相加得出每一个受访者的态度或属性分数。李克特量表（以创建者命名）相比瑟斯通（Thurstone）量表或格特曼（Guttman）量表更易于操作和分析，通常用于语言项目 language programme 的评估研究中。

limited English proficiency | 有限的英语水平

见其缩写 **LEP**。

lingua franca | 通用语

无共同母语的人们**交际 communication** 所用的一种语言。因此任何语言都可以应用于这一方面。**皮钦语 pidgin** 是通用语的一种特殊变体（见**语言变体 language varieties**）。另见 **EliF** 英语作为通用语。

linguicism | 语言主义

一个理论模型，提出**更广泛交流语言 LWC**，尤其是具有国际性影响力的语言会对少数民族语言和资源匮乏语言造成系统性压力，由此较大族群的语言驱逐少数民族语言，如同经济全球化中所发生的一样。模型认为，这种强势与弱势语言的结构上的不平等性，是由那些掌握**权势 power** 者加剧和维持的，他们是否有意为之并不清楚。另见 **linguistic imperialism** 语言帝国主义。

linguistic imperialism | 语言帝国主义

语言主义 linguicism 的一种子类型。菲利普森（Phillipson）给语言帝国主义的现行定义是："英语的统治地位得以确认和维持，靠的是英语与其他语言间结构与文化不平等性的确立与持续重构。"语言帝国主义的概念作为后来被抵制的解释和**意识形态 ideology**，既引起了人们的兴趣，也得到了极大的认可。这一概念也招致了批评，理由是**语言更替 language shift** 是经济和政治力量的副产品，语言接触总是这样进行的，而且非英语使用者选择英语（或者香港的讲粤语的人现在想学习普通话）并不是因为被动地被愚弄，而是主动决策的结果，因为他们认为英语或汉语普通话对于他们实现功利性的目标是必须的。另见 **hybridity** 杂合、**language contact** 语言接触、**linguicism** 语言主义。

linguistic persuasion | 语言说服

使用标准形式以展示地位。

linguistic relativity | 语言相对论

（又称**萨丕尔-沃尔夫假设 Sapir-Whorf hypothesis**）相对主义在语言学中的体现，这一源远流长的哲学观点认为，并不存在对世界的统一理解。个体的感知通过社会族群而部分地组合在一起。由此，共同的**文化 cultures** 提供了一种共享的世界观，特定文化的成员通过被社会化而接受它。爱德华·萨丕尔（Edward Sapir）和他的学生本杰明·李·沃尔夫（Benjamin Lee Whorf）认为，**语言 language** 也是这样。他们认为，语言同样也是个人理解的集合。到目前为止，人们对此几乎没有异议：事实上，这个论断平淡无奇，听起来很像索绪尔的观点。但是萨丕尔和沃尔夫走得更远。他们认为（或者看上去是：他们的著作有点自相矛盾）同一种语言提供认知和情感的一致性，由此语言团体 A（沃尔夫以美印第安霍比人为例）对世界的范畴化方式与团体 B（沃尔夫以标准范围的欧洲为例，看起来是英语）相当不同；更进一步，在此过程中这两组人对世界的感知也截然不同。这个观点很吸引人，因为它似乎有意识地为国际间的**误解 miscommunication** 提供了一种解释，也为**语言维护 language maintenance**，特别是对那些小的正在消亡的语言的维护提供了支持。根据这个假设，这些语言一定有独特的世界观。这个假设也备受争议，部分是由于那些人持不同的哲学观点，例如普遍主义，部分是由于它不可证伪。强硬的**萨丕尔-沃尔夫**立场会否认**第二语言学习 SLL** 和**翻译 translation** 的意义。因此，被广泛接受的是弱语言相对论：是的，语言间存在差异，语言中范畴化的方式不同，但是有很多达成理解的途径，并且在任何情况下，这些差异更可能存在于表象之中。

linguistics | 语言学

关于**语言 language** 的学术研究，有些学者认为语言学是科学，而另一些人认为语言学是人文学科。作为语文学在现代的发展，语言学覆盖了很多领域，如描写语言学、历史语言学、**语音学 phonetics/ 音系学 phonology**、**社会语言学 sociolinguistics**、**心理语言学 psycholinguistics**、**应用语言学 applied linguistics**、**人类语言学 anthropological linguistics** 和**法律语言学 forensic linguistics**。一个仍在持续且尚未解决的问题在于，这些不同的领域有多大可能归并到一起？并且语言学是否应简单地被看作是核心学科而其他学科作为子学科聚集在一起？对应用语言学确实如此。从表面上看，它的唯一上位概念是语言学，这不同于（比如）社会语言学，它有两个上位概念，语言学和社会学。因此，将应用语言学转换为**教育语言学 educational linguistics** 的尝试到目前为止是不可行的。

linguistics-applied | 语言学-应用

认为**应用语言学 applied linguistics** 是指语言学（狭义）用来解决真实世界**语言使用 language use** 中的问题的观点，主要目的在于验证语言学理论，应用**真实世界的数据 real-world data**，而不是实验室或者虚构的或者推测性的数据。

literacy | 读写能力

读写能力经常被认为是阅读能力。但是选择什么作为阅读标准的问题尚未解决，即是阅读什么的能力，还是阅读时能理解多少的能力（也许是阅读多快的能力）？因此，读写能力可以被更细致地界定为某种读写能力（或阅读测验）的等级。这类的等级通常被转换为教育年限，从而有了小学、中学和大学学生的阅读能力等级。读写能力也有更广义的用法，其中包括**书写 writing**，当然还有其他语言技能，比如说口语能力，甚至更宽泛的用法还涵盖了个人在社交中的娴熟度。因此，读写能力如同**语法 grammar**、**文化 culture** 和**话语 discourse** 一样，是一个有用的、模糊的术语，可以用来考量复杂的社会系统和个体在其中的位置。

literary studies | 文学研究

文学，包括口语和书面的，都反映出对**语言 language** 本真的重视。书面**文本 text** 是**创造力 creativity**（如所有的艺术、音乐、绘画、雕塑、舞蹈）的例证，它们运用语言来表达创造力的含义。因此，其重点在语言及其**风格 style** 和形式特征上，而不在于它所传达的功能上，报道、论述还是描述它所传达的意义。因此文学没有任何其自身以外的目的。直到最近，（实际上在今天的一些情况下仍旧存在）文学研究构成了所有**语言学习 language learning** 的基础。这样的一个从经典研究（拉丁语和希腊语）中衍生出来的学习方法是很有挑战性，也确实令人敬佩。然而，当越来越多的人，为着特定的、并且经常是工具性的目的来学习语言时，它就不尽如人意了。同时，对多数人而言，文学是令人愉悦的，可以把学生的想象力从工具性的苦差事中解放出来，由此可以被用来吸引学习语言的学生。

longitudinal studies | 纵向研究

一种**研究 research** 设计，被认为是医学研究中的黄金标准，通过在一段足够长的时间内对实验样本（一半接受治疗，一半用安慰剂）进行跟踪来决定治疗是否达到了预期的效果。在**应用语言学 applied linguistics** 研究中，很少有足够的时间或金钱来支持如此周密的研究，因此通常会做一些妥协。也有可能是因为，在语言研究中难以避免外部变量"被污染"，所以纵向追踪研究也许并不完全是可取的。见 **cross-sectional studies 横向研究**。

LOTE | 非英语语言（教学）[（the teaching of）languages other than English] 的缩写

这个澳大利亚术语是指澳大利亚教育体系提供的现代语言。"LOTE"比"现代语言"更受青睐，因为它证实了英语也是语言供给的一部分。相较而言，US/UK 的首字母缩略语 **TESOL（对外英语教师）**被用来表示英语是其他语言中的一种，两者类似。

LSP | 专门用途语言（languages for specific purposes）的缩写

专门用途英语 ESP 的原则与程序在其他语言上的扩展。这些语言通常是现代语言，尽管下面的说法是毫无道理的，即我们不能采用**专门用途语言 LSP** 模式来教希腊语或梵语之类的经典语言。

LWC | 更广泛交流语言（languages of wider communication）的缩写

更广泛交流语言 LWC 是在自身区域外被使用的**通用语 lingua francas**，通常跨越大洲，但没有国际发源地。按这个标准，英语是世界性的语言，可能法语也依然可以算是。也许西班牙语、德语、斯瓦希里语、俄语、阿拉伯语、汉语、北印度语和（印度尼西亚的）印尼马来语也可以认为是通用语。但是这个术语是非理论性的：它既模糊又宽泛。它看起来并不包括**皮钦语 pidgin** 和其他形式的商业语言，尽管**更广泛交流语言 LWC** 也许适时地促进了皮钦语的发展。

M

markedness | 标记性

不经常使用的(基本的、自然的)语言成分是有标记的,而经常使用的(等)成分是无标记的。这在**语法 grammar** 中有所应用：英语中的正常句子语序(主-谓-宾-SVO,例如：the boy kicks the bucket)是无标记的,而不太常用的顺序(宾-主-谓-OSV,例如：the bucket the boy kicks)是有标记的。它也应用于**音系学 phonology**(诸如 p/t/k/s/n 的辅音被认为是无标记的,因为它们出现在大多数语言中)。

Marxism and language | 马克思主义和语言

马克思主义对**语言 language** 观的影响值得人们注意。如下的观点都表示出马克思主义的影响力："所有的符号于其本身都是意识形态的"；"语言是阶级斗争的中心"；"语言和政治是密不可分的,也许甚至是无所区别的"；"语言本质上是对话式的而不是独白式的"；"是语言将人们分隔"；"语言分析仅仅是抽象的,除非它一开始就认识到它的语料包括了政治语境化的话语"。所以有人坚持认为,**批评话语分析 critical discourse analysis** 从马克思主义中获得启发,在学术上,如果不是政治上,它具有马克思主义的血脉。马克思对待**标准语 standard language** 的态度含糊,这点令人好奇,因为标准语一方面是阶级统治的工具,另一方面,类似英语这种标准语的全球传播可被视作是打破了阻碍阶级意识的国家主义意识形态。另见 **ideologies** 意识形态。

matched guise technique | 变语配对法

一种测量**语言态度 language attitude**的技术，它声称可以控制说话者的差异或影响。该技术由兰伯特（Lambert）在20世纪60年代于蒙特利尔开发，用于研究讲英语的和讲法语的人对彼此**语言 language**的态度。让两种语言都具有类本族语者**水平 proficiency**的人讲述用两种语言翻译的文本，并全程录音。邀请评分员（讲英语的和讲法语的）来听这些磁带，并在不同量表层级（如友好的、可信赖的、合作的、宗教的、幽默的）上对所听到的内容进行评分。评分员认为他们是在对两个说话者进行评判，一个是讲法语的，另一个是讲英语的。事实上，他们听到的是同一个人伪装出的变语，目的是为了剥离说话者的**性格 personality**因素。但是，由于任何两个声音（同一个人的或两个不同的人的）可能会导致同样的刻板反应，因此说话人的性格因素可以被弱化的假设令人怀疑。如果这是真的，当然，这项技术也用不着这么复杂，两个在年龄、性别和教育背景方面相匹配的不同说话者的声音，也可以达到同样的效果；即便是这样，变语匹配技术仍然被广泛用于一些语言和情境中，包括临床方面。

meaning | 意义

语言 language通过使用其结构所表达的是它的意义。据称语言的目的就是使得我们能够表达我们看待世界的方式。**语义学 semantics**研究单词和句子意义，**话语分析 discourse analysis**、**会话分析 CA**和**阅读理解 comprehension**研究探讨**话语 discourse**和**文本 text**的意义。但是意义还是更加宽泛一些；事实上，它倾向于超越所有的范畴界限，因为可以说所有生活都与意义有关。当然，**语用学 pragmatics**和功能理论对各种意义都感兴趣。**语言教学 language teaching**的学派与**方法论 methodology**的根本对立在于结构的（**语法-翻译 grammar-translation**）和交际的（语义学）之间的对立。有些语言学家（如韩礼德［Halliday］）不愿接受**形式 form**和**功能 function**之间的区分。

medium | 媒介

在应用语言学中,是指公共活动(议会、法院、教育工作)中所使用的**语言 language** 或**语言变体 language variety**。

medium of instruction | 教学媒介语言

中小学和大学教学的主要语言。大部分情况下,教学媒介语言是地区或国家的(**官方的 official**)**语言 language**。在语言是分裂力量的冲突地区,教学语言可以是一个有争议的问题(例如,20世纪70年代,马来西亚的英语和印尼马来语之间,以及在佛朗哥时期,加泰罗尼亚语和卡斯蒂利亚语之间)。除了有关教学媒介语言的政治和社会争论,还有一种心理诉求,支持**母语 mother tongue** 作为教学媒介语言,特别是**基本人际交流技巧 BICS 和认知学术语言能力 CALP** 教学语言。

men's language | 男人的语言

见 **women's language 女人的语言**。

mental lexicon | 心理词库

记忆中储存的单词和词组。似乎包括单词词尾和隐喻功能的知识。与词汇的稳定性相关的一个有趣的问题是:当新词进入时,旧词是被留存还是被淘汰。见 **lexicology 词典学**、**metaphor 隐喻**。

mesolect | 中势语

见 **acrolect 高势语**。

metalanguage | 元语言

用来分析或描写一种**语言 language** 的语言;也指它自身的语言能力。关于这个词,下面方括号中的片断就是元语言[在"runs"中"s"预示着第三人称单数的一般现在时]。元语言学的知识可以用或者不用元语言来描述。见 **language awareness** 语言意识。

metaphor | 隐喻

为达到特殊效果而使用的单词或短语，故意否认它通常的或字面上的意义。为了效果最大化，读者或交谈者有必要意识到，他们听到或读到的东西是虚构的，尽管他们也许无法还原出原来的意思。有一位情人哭喊着说"I am consumed with jealousy"（我嫉妒死了），这是一个隐喻，尽管听话者并不在意"consumed"（消耗）的字面意思。大部分文学作品都带有隐喻性，而隐喻和笑话一样，对第二语言学习者甚至是高水平学习者都很难。**批评话语 critical discourse** 分析者认为，**应用语言学 applied linguistics** 有义务将莱考夫（Lakoff）提出的我们赖以生存的隐喻去神秘化，那些表达看上去表示现实，但实际上是语言**构念 construct**。某种程度上，这些是所谓的死隐喻。另见 **SLL 第二语言学习**。

methodology | 方法论

从事实践活动的系统方法，它通常用于**应用语言学 applied linguistics** 来指**语言教学 language teaching**。方法论跟目标的设置和规划、**教学材料 teaching materials** 和**评估 assessment** 有关，也许还包括教具。因此，语言教学中的方法论包括：结构法、**意念-功能法 notional-functional methodology**、**交际法 communicative methodology**。由于应用语言学中的方法论与**语言学 linguistics**、**语义学 semantics**、**语音学 phonetics** 等密切相关，有人曾提出，方法论理应被置于更高的（更理论化的）地位，也就是方法学。这个建议并没有被实施。

migration | 移民

人（群）的流动，不管是自愿的——如移民出境和随后的移民入境——还是被迫的——如奴隶、殖民化、商业市场的影响和难民的产生——都对**语言 language** 产生某种影响，通常只是暂时性的。永久移民随着时间的推移会导致语言更替，或者是主人社团（如英国和法国的前殖民地）采用进入者的语言或者相反，如爱尔兰的挪威人采用盖尔语。这些流动引起诸如社团的保持和磨蚀，以及个人**语言流失 language loss** 的问题。近期对移民的限制已促使政府对新的移民者进行语言测试。另见 **IELTS 雅思**、**language attrition 语言磨蚀**、**language maintenance 语言维护**、**language testing 语言测试**。

minority languages | 少数民族语言

少数民族可以通过两种方式来定义，即人数和他们所拥有的**权势 power** 和**地位 status**（政治的、经济的、财政的等等）。语言少数族群在这两个指标上都占少数；因此，澳大利亚的土著语言社团人数少，权势弱。不平衡也是有可能的。所以一个数量上的少数可以在权势上占多数，例如母语是英语和法语的非洲殖民者。但是，应注意到这种情况下，"数目上占少数"是一个局部的假象：如果不是因为非洲殖民地外存在母语是英语和法语的地区，殖民语言的统治地位则不会持续那么长时间。权势和地位比人数更重要，但是它们是相关联的，似乎只有别处有大量使用者时，才会出现这种状况。芬兰独立之前的瑞典语证明了这一点。没有遥远故乡的大多数为支撑，流动的少数民族似乎仍然可以取代当地的多数族群，但是仅当他们准备好将他们本来的语言转换为新国家中大多数族群的语言时（如爱尔兰的斯堪的纳维亚人）。

miscommunication | 误解

因多种原因而发生的误解。在具有相似背景的**母语者 native speaker** 之间，可能会因过度（依赖）背景和**语境 context** 而产生误解，听话人由此对所听到的信息做了过多的推论。在**非母语者 non-native speaker** 之间，更有可能是相反的情况，因此缺乏共同的背景意味着即使一个简单的——并且合乎语法的——请求、要求或者问题也许不会被理解，因为它具有不熟悉的语用或口音特征。

mixed languages | 混合语

一个不易界定的术语。很明显，许多人在话语中使用多于一种**语言 language** 的特征。在双语和多语的家庭和社团中尤其如此。但是这些是混合语吗？也就是说，这些被用到的语言是否确定无疑地显示出某种稳定的**方语 lect**？这个术语不能用来指**克里奥尔语 creoles** 和**皮钦语 pidgin**，它们已经建立起了稳定的状态。称之为某一种混合语也许比多种混合语更恰当。

mother tongue | 母语

儿童起初"在母亲膝下"接触到的语言。在英语之外的语言中也有这个术语和概念（如法语 *langue maternelle*）。好像没有对等的概念（或标签）即"父亲的语言"。另见 **native speaker 母语者**。

motivation | 动机

在语言学习中有两种动机：（一）工具性：学习一门语言来获得工作岗位、通过考试的需要；（二）综合性：为了跟操另一种语言的人交流而学习语言的需求。有很多文献讨论了这两种类型的区别，但事实上它们在多大程度上能够被区分，尚不清楚。毕竟，我也许会因综合动机而选择学习语言，但却采用完全功利的方式来使用语言，例如终止一项合同。在**第二语言习得研究 SLAR** 中，研究者谈及外在的动机（学生们带到课堂的）和内在的动机（在课堂中由教师和**教学材料 teaching materials** 引发的）。动机可解释的**学业成绩 achievement** 的**差异 variance** 仅比**语言学能 language aptitude** 略小。对教师而言，动机的主导作用堪比甚至超过语言学能。毫无疑问，这是因为一般认为学能是不可变的，而动机可以在语言教学中被改变和最大化。

multiculturalism | 多文化制

通常（并不总是）在大量移民后，国家应对文化的多元性的方式，就像 20

世纪下半叶的澳大利亚。多文化制政策为所有群体的权力、行为及语言提供资源保护，包括使政策奏效所需的教育。相比**多语制 multilingualism**，多文化制是一个更加模糊的（并且因此也许更加成功的）政策。另见 **culture 文化**、**migration 移民**。

multilingual education | 多语教育

多文化制 multiculturalism 和**多语制 multilingualism** 背景下的政策。与它们类似的是，多语教育很费钱。在应用多语教育的地区，它要么采取当地的（某种）选择形式，例如在学校学习某种第二语言（如澳大利亚），要么采取某一地理区域内当前政体所使用的可选语言中的每一种语言的形式（如南非和印度）。在**双语制 bilingualism**（最小的多语制）的有限情形下，如在加拿大，无需选择。

multilingualism | 多语制

基于政治上接受**多文化制 multiculturalism** 的**语言 language** 政策。它在诸如法律和教育的官方机构中规定，要充分使用这个国家内被视为团体语言的那些语言。这个政策有三个明显的问题。首先，非常耗钱（譬如，近期扩张后的欧盟斥巨资译入或译出所有成员国的语言）。第二，并不清楚在哪一点上（数量？经济？）一个团体的语言应该被给予官方的承认。第三，它创造了巨大的惯性，以至于大多数被认可的语言使用量极少，而一个、两个或三个占主导地位的（国际的、前殖民的）语言会被用于所有的官方和公共事务中。印度和南非的例子表明了实施多语制政策所需的勇气，以及该政策可能遇到的问题。

mutual intelligibility | 相互理解

说 Lx 的人理解说 Ly 的人的程度。这是一个程度问题，与两种语言的**语言距离 language distance** 有关。因此，操瑞典语的人被认为理解挪威语的能力强于丹麦语。但是相互理解也许受到跟语言距离无关因素的影响。

其中一种语言的使用者的**地位** status 和**权势** power 之类的因素，也许会导致权势较弱的语言群体的说话者坚持认为，他们的语言和那个主导群体的语言之间能够相互**理解** intelligibility。假定的状况是，他们已经学会了对方的语言。反之，主导群体的语言使用者会坚持说他们不懂弱势群体的语言，即使两种语言（在群体外成员看来）在语言学上非常接近。乌尔都语和北印度语之间些许反映出这种不平衡。大都会法语和魁北克法语也与此类似。

N

narrative | 记叙文

所有口语(口头叙述)或书面语(如日记)形式的叙事。拉波夫(Labov)提出了记叙文的**体裁 genre** 结构并被广泛接受：点题、指向、进展、评议、结局、回应。对记叙文中这些序列性阶段的掌握似乎是**母语者 native speaker** 学得行为的一部分。因此，叙述能力应被看作创造性的产物，并(就个人叙事来说)不一定是实际事件的表征。另见 **creativity 创造性**。

nation and language | 国家和语言

(一门)**语言 language** 是通常与国家归属感和(认同)相联系的符号之一。布拉斯(Brass)提出，在国家形成中，一系列符号是必须的，例如那些种族、人种、宗教、语言的符号。因此，发现许多国家在其他人心里(并且事实上在他们自己心里)是与一种语言(或一些语言)相联系的，也就不足为奇了。事实上，没有正式的和官方目的所需的并被认可的"国家"语言，很难建立或维持一个国家。我们可能确立一种以上的语言作为国家语言，并且选择一个(或两个、三个)作为官方语言。因此，南非有11种国家语言：9种非洲语言，南非公用荷兰语和英语。各省份可以自由选择哪种语言作为地区级别的官方语言，但英语似乎是国家学校系统选中的语言。我们在这里看到理想(所有11种语言)与实际(英语作为通用选择)的完美结合。因为国家在一定程度上是一个**想象共同体 imagined communities**，9种非洲语言的符号性地位能很好地为实现国家身份提供必要的黏合力。

national language | 国语

被宣布为国家主要语言的语言；其符号意义大于实际意义。国家语言通常也是**官方语言 official language**（政府、法律和行政的语言）。在一定情况下，也许有不止一种官方语言，但是仅有一种国家语言。在爱尔兰，爱尔兰盖尔语是国家语言，也是第一官方语言；英语是第二官方语言，并且实际上是被最广泛地用于公共和私人**领域 domains** 的语言。

nationalism | 国家主义

一群人组成一个极其独特且内部一致的实体的感情。这样的感情在国家建立中很重要，并且会利用**种族 ethnicity**、宗教、**语言 language**、民族等强有力的符号。约翰逊（Johnson）博士在他的词典中（在"爱国主义"的标题后面）将其称作"恶棍的最后避难所"。

native speaker | 母语者

任何人都是他们在幼年习得的**个人习语 idiolect** 的**母语者 native speaker**。通过教育，他们也接触到标准语。通常，正是因为他们掌握了**标准语 standard language** 使得他们成为某种语言（如英语）的母语者。争论在于，对 Lx 的掌握要达到多高的**水平 proficiency** 可以作为界定的标准，或者童年习得是否是唯一重要的标准。更进一步的争论在于**世界英语 world English** 的本族语者（如新加坡英语）应如何才能被看作是母语者。相关的术语有家庭语言、第一语言、**母语 mother tongue** 和主体语言。

naturalistic fallacy | 自然谬误

事实（是）和价值（应当）之间的联系，假设存在一个所有人都必须认同的伦理。**批评应用语言学 critical applied linguistics**（和其他批评方法）似乎已经成为自然谬误的牺牲品了。

needs analysis | 需求分析

基于情景、目的、特征和所需**水平 proficiency**，确定语言学习者在一种特定环境下的需求。这在课程**大纲 syllabus** 的设计和**专门用途英语 ESP** 和**专门用途语言 LSP** 测试中非常重要。另见 **curriculum** 课程。

negotiation | 协商

协商是对话者为了达到**交际 communication** 目的而自如使用的一套技巧。通过在**会话 conversation** 中合适的地方使用回馈、**外国腔 foreigner talk** 和**修复 repair** 来避免交际失败，目的在于继续未受阻碍的交际活动。因此，协商是一个双向的过程，如同我们在正式场合看到的外交官尝试解决影响他们国家的政治事件一样。

NESB | 非英语母语背景（non-English-speaking background）的缩写

这是澳大利亚赋予来自母语非英语地区学生的标签；在加拿大，与之相关的术语是"继承语的学习者"。

new variety of English | 英语新变体

见 **world English(es)** 世界英语。

non-English-speaking background | 非英语母语背景

见其缩写 **NESB**。

non-native speaker | 非母语者

见 **native speaker** 母语者。

non-Standard English | 非标准英语

口音 accent 或**方言 dialect** 中有别于**标准英语 Standard English** 的任何系统性变异。

norm | 规范

关于**正确性 correctness** 观念、**标准语 standard language** 的口语和书面语惯例的社会现实。规则属于语言学范畴，规范则属于社会范畴，因此**澳大利亚英语 Australian English** 和**英式英语 British English** 可以说是具有相同的规则，但是遵照不同的规范。

notation | 标记

见 **transcription** 转写。

Nynorsk | 尼诺斯克语

见 **Bokmal** 博克马尔语。

O

observation | 观察法

  定性研究 qualitative research 的方法之一，要求观察者在与被调查的受试者互动时全程在场。我们可以通过笔记、日记和现今的音频和视频录像来收集数据。观察法传统上被用于人种学研究和人类学的田野调查，其中观察者通过长期的居住已经（或尝试）成为被观察社团的一部分。这种实践被称为参与观察法，一般认为这种方法能够克服**观察者悖论 observer's paradox**。另见 **anthropological linguistics 人类语言学**。

observer's paradox | 观察者悖论

  在人种学的研究中，观察者的存在也许会影响被观察者的行为，以至于收集到的数据不是拉波夫（Labov）在**会话 conversation** 研究中所称的**土语 vernacular**。当然，并没有人对观察者的存在是否真正地影响到行为展开调查，因为没有观察者，就无法搜集资料。研究者提出许多不同的解决方案。一个是参与者观察；另一个（拉波夫所提倡的）是受试者会对一些特殊的问题感到惊讶，以至于忘记他们正在被观察的事实，例如他们是否感受过行将死亡的恐惧。也有一些不科学的观点认为，（也许）人们的行为不会产生变化，不管他们是否被观察。另见 **observation 观察**。

offensive language | 冒犯性语言

  在可能冒犯他人（因此是亵渎和猥亵）而且可能是非法的情境下，使用诅咒词汇、禁忌词汇和其他以 -ist 结尾的词（性别歧视、种族歧视等等）。这些术语通常涉及性行为、身体功能和宗教或种族（包括**性 gender**）问题。什么算是冒犯性的随着时间有所变化；所以冒犯性的语言，如同**语言 language** 本身一样，并不是静止不变的。另见 **political correctness 政治正确**。

official language | 官方语言

在一个国家用于政府和合法商业的一种语言或多种语言。官方语言通常是**国语 national language**，但是在多语制国家中也许不是这样。

ontogeny | 个体发生学

人类有机体随着时间的发展变化。皮亚杰（Piaget）曾在他提出的发展阶段中提出这样一个模型。对语言习得来说，最重要的阶段似乎是所谓的**关键期（或敏感期）critical period**。另见 **phylogeny 语系发生史**。

orthography | 正字法

这个术语既用于一般的拼写，也用于正确（**标准语 Standard Language**）的拼写。对于学院类组织（如法兰西学院）管理的语言，正字法是规定的；对于其他语言（如英语）来说，其实质是一种受过教育的用法。正字法主要指字母的书写。其他书写系统是音节的和表意的。另见 **alphabetisation 字母序列**、**writing 书写**、**writing systems 书写系统**。

output | 输出

输入 input 的必然结果，它本身并不能提供熟练使用语言所需的练习。有人指出，完全的语法可接受性只有在可理解的、更为准确的输出中才能发展起来。

P

paralinguistic | 副语言的

副语言的特征是伴随言语（或者确实可以替代它）的非有声现象。它们包括表情、头和眼的运动、手势和更大幅度的身体运动。

parole | 言语

索绪尔（Saussure）用这个术语来指实际情境中个人说话的具体行动。他将之与语言相区分，即由一个社团的说话者共享的语言系统。乔姆斯基（Chomsky）做了一个类似的区分（尽管是心理学的），即**语言运用 performance** 与**语言能力 competence**。

participant observation | 参与者观察法

见 **observation 观察**。

pedagogy | 教育学

对教学的研究（有些人称之为科学）。是对实践活动进行理论化的尝试。

performance | 语言运用

这一概念由乔姆斯基（Chomsky）提出，以区分于**语言能力 competence**，类似于索绪尔（Saussure）提出的**言语 parole**，语言运用指说话者对语言的实际运用。

personality | 性格

被认为是解释**语言学习 language learning** 中**个体差异 individual differences**

的关键要素，它们受到诸如焦虑、冒险、歧义容忍度、移情、自尊、压抑和外向（内向）等因素的影响。问题在于，对于那些性格不利于学习的人应该做些什么。虽然干预会对**动机 motivation** 产生作用，但是很难看出对**性格 personality** 有什么用处。

phatic communion | 寒暄语

缺少内容并被单独用于建立和保持社会关系的语言。人类学家马林诺夫斯基（Malinowski）参照太平洋上岛民们有关他们花园的对话提出这个术语。在英式英语中，关于天气的交流同样也是无内容的。大多数寒暄语由**仪式化 ritualised** 的惯用语组成。

philosophy of applied linguistics | 应用语言学哲学

这可以分三方面来理解：（一）对**应用语言学 applied linguistics** 及其发展中重要标志的本质的哲学洞见；（二）应用语言学的科学哲学研究方法；以及（三）一系列与应用语言学家有关的具有哲学意义的重要问题，如他们的**职业 profession 伦理 ethics**。

phoneme | 音位

语言语音系统中的最小单位。界定一个音位有两条主要标准，一是互补分布。如果语音不在同一个位置上出现，它们可能属于同一个音位；因此，英语中"清晰"的 <l> 总是出现在一个元音（如 <leaf>）前，而"模糊"的 <l> 总是出现在最后或者紧跟在一个辅音（如 <feel>）后面。[1] 这两个"l"的发音就是互补分布。第二个标准是发音相似性。<ng> 和 <h> 在英语中呈互补分布（一个从不出现在开头位置，另一个从不出现在最后），但是听起来并不相同。不同于两个"l"的发音，它们不是同一音位的音位变体（或实现形式）。

---

[1] 英语中，"清晰"的〈l〉和"模糊"的〈l〉的国际音标分别记作 [l] 和 [ɫ]。——译者

phonemics | 音位学

术语**音系学 phonology** 如今更常用。

phonetics | 语音学

语言学 linguistics 的分支，研究人类发音器官可以发出的所有声音，而更理论化的**音系学 phonology** 研究语言的语音系统。

phonology | 音系学

语言学 linguistics 的分支，用来研究语言的语音系统，而**语音学 phonetics** 研究人类发音器官可以发出的所有声音。

phylogeny | 种系发生学

研究人类种族的历时发展。已有多种模型被提出，如从直立人到智人的发展，从狩猎采集到畜牧田园的发展。**语言 language** 的产生被认为是人类发展过程中一个重要的阶段。

pidgin | 皮钦语

在不同语言的使用者之间（如为了商业等）作为一种接触语发展起来的语言。皮钦语可以发展出高度的稳定性。另见 **interlanguage 中介语**。

plagiarism | 剽窃

通常是对著名作者作品的未经授权的抄袭。据称随着网络的发展，这种现象有所增加。剽窃的学生被认为是有过错的。在出版物中，这被看作是侵犯版权的行为。

plain English | 简明英语

见 **plain language 简明语言**。

plain language | 简明语言

为避免过于复杂的结构和技术用语的书面用法。与简明英语运动有关，该运动提倡官方（特别是法律和政府）文件的**简化 simplification**（见 **Basic English 基础英语**）。简化的**文本 text** 无疑很简单，而在专业和特殊领域，行话也许是必要的。

point of view | 视角

作者表达观点或主题的立场。在文学的**文体学 stylistics** 中特别重要，其中作者会从一个视角转换到另一个视角。

politeness | 礼貌

语言如何表达**面子 face** 的观念（在会话中保持积极的自我形象），并在有些行为会对立造成潜在损害的情况下，语言如何维护面子。也关注语言如何表达说话者之间的社会距离。在如何表达礼貌方面，语言之间存在差异：有些情况下是通过语法，而另一些情况下是通过一个或几个词的运用来体现的，而在另一些情况下甚至通过**副语言 paralinguistic** 来体现。

political correctness | 政治正确

一个带有贬义的标签，用来指那些反对使用带有性别主义、种族主义术语的人。有时这些用语是指为了避免歧视而使用非性别主义、非种族主义术语（如 chairperson 主席，humankind 人类）的行为，其中包括"herstory"和"womyn"①之类的生造术语，它们用来嘲笑那些反对歧视和支持种族融合的人。

positivism | 实证主义

主张真实的知识只能基于实验调查和自然现象观察的理论。这个术语由

---

① herstory 历史、womyn 妇女，女权主义者造词，以避免 history 和 women 中含"大男子主义"的 -his 和 -men。——译者

法国社会学家奥古斯特·孔德(August Comte)在19世纪提出。他认为，人类适于作为科学研究的对象(在当时是革命性的观点)，因此应该用零**假设 hypotheses** 和统计方法，对人类进行更具实验严谨性的研究。

postcolonial societies | 后殖民社会

自第二次世界大战以来独立的国家。一旦独立，他们就能够自己做决策，包括为了不同的目的应该使用哪(几)种**语言 language**。在**应用语言学 applied linguistics** 中，术语"后殖民"被用来指这些新生社会的普遍问题，他们在**语言规划 language planning** 决策时遇到的困难以及在此过程中面对的压力。

postmodernism | 后现代主义

当代人文和社会科学的学者们所感知到的对进步、**知识 knowledge** 和科学的有效性，以及通常对普遍性解释和启蒙思想的乐观态度的怀疑。其强化并解释了**应用语言学 applied linguistics** 范畴从偏向**定量研究 quantitative research** 的范式转换到更偏向定性，并且寻求相对的而非普遍性的解释。因此，研究的重点在于叙事性的研究设计。**批评应用语言学 critical applied linguistics** 也由此兴起。语言研究的后现代主义在**后结构主义 poststructuralism** 中得到了特别的彰显，后者摈弃理论(自上向下)方法，而倾向于自下向上的方法，促进了应用语言学中诸如交际策略和建构主义观点等新发展。另见 **communicative language teaching 交际语言教学**。

poststructuralism | 后结构主义

应用语言学 applied linguistics 中的后结构主义坚持认为，**语言 language** 是自我支持的社会实体，无需任何语言外的所指就可以把客观世界和大脑中的图像结合起来。某种程度上，后结构主义是对索绪尔(Saussure)有关语言作为符号而不是表达现象的原始理论的重新解释。

power | 权势

像金钱一样,权势是那些掌握重要资源的人所拥有的通货。在**应用语言学 applied linguistics** 中,它被如此广泛地引用表明了权势是多么普遍(而且重要):因此,我们发现**话语分析 discourse analysis**、**性 gender** 研究、**语言测试 language testing**,以及**语言与法律 language and the law**、**少数民族语言 minority languages**、**母语者 native speaker** 的研究中都对其有所涉及。每种情况中的资源也许不同,但是所有情况中权势的统治地位是不变的:这种语言作为学校和法庭媒介语言,这种性别的语言使用被视为更合理,这种**方言 dialect** 作为测试仪器的语言等等。

pragmatic competence | 语用能力

第一语言和第二语言说话者都必需的、利用语言资源传递和理解真实情境中**意义 meaning** 的能力,也包括那些由于他们的知识缺陷而造成问题的情境。换而言之,这种**语言能力 competence** 使得说话者能够处理他们从未遇到过的情况,但对第二语言学习者来说,这是最困难的。

pragmatics | 语用学

研究**语境 context** 中的意义。不同于**语义学 semantics**,语用学考虑到对话者和他们交流的目的。另见 **pragmatic competence 语用能力**。

prescription | 规定规则

(针对学生和更广泛意义上的公众的)有关**正确性 correctness** 和正确形式的规则表示。通常,这些是属于**标准语 standard language** 的规则和形式,并且它会过时,因为标准语言本身会随着时间变化。规定规则(和它的负面关联**禁用规则 proscription**)并不流行,因为它似乎约束并限制自由的表达。但是通过**词典 dictionary** 和范例来对用法进行规定,只要是隐含的,都是有意义的,有助于为那些对用法有疑惑或不太确定的人(实际上时常对于我们所有人)提供依照惯例的(和可被接受的)运用语言的方式。规定规则实际上是对任一时代通用**规范 norm** 的一种说明。

prestige | 权威

有**权势 power** 的团体通常也有权威，这就相应地跟他们使用的**语言 language** 与语言形式联系起来。由此，**标准发音 RP** 有权威，但是有些**语言变体 language variety** 同样具有隐性权威，如利物浦英语（因为与披头士乐队的关系）和河口英语。因为听上去很时髦，这种口音在伦敦南部的许多年轻人中较为普遍，也被其他地方的人接受。也有证据说明，女人比男人更多地使用标准（因此权威）的变体。在赋予**少数民族语言 minority language** 权威的过程中，富有创意的作家和其他艺术家的非正式的宣传似乎起到了重要作用，虽然还不清楚这是否配得上一些学者提出的"权威规划"的头衔。另见 **attitude 态度**。

prior knowledge | 先备知识

背景知识 background knowledge 的一个变体，是说话者和读者带到**任务 task** 中（关于世界、语言等等）的普通**知识 knowledge**。

profession | 职业

需要专门**知识 knowledge**，通常还需要长时间和集中的准备或者训练，借助权威认证或一致的专家意见来使**学业成绩 achievement** 和表现的标准保持在较高的水平上，并且促使从业者致力于持续的研究或是某种以提供公共服务为主要目的的工作。在医疗和法律职业中，"认证"需求尤为明显，它们实行了一个"从业许可"系统，因此有权淘汰那些职业行为不端的人。**应用语言学 applied linguistics** 在多大程度上可以被视为一种职业是一个开放问题。因为它缺少批准和取缔从业资格的权利，"职业"这个术语的使用还只代表一个愿景。

proficiency | 水平

为特定目的运用语言的**能力 ability**；由此包括为从事学术研究或空中交

通管制工作所需的英语水平，以及为到澳大利亚的日本访问者做导游所需的日语水平。知名的英语**水平测试 proficiency tests**（如**托福 TOEFL 和雅思 IELTS**）并不为参加测试的学生规定考试**大纲 syllabus**：这属于学业测试的范畴。水平这个概念也有更宽泛的用法，用来指语言的综合型**知识 knowledge** 或者**语言能力 competence**，不管这种语言是如何、在哪儿或者在什么情况下被习得的。另见 **curriculum 课程**。

pronunciation | 发音

一个或一组音的产出，与听话人感知声音的方式有特别的关联。它也用来指个人发出的所有语音；因而，我们会说"我对他/她发音印象（不）深刻。"第二语言的有效发音把对**目的语 target language 音位 phonemic** 系统的掌握和个人对可接受**语音 phonetics** 系统的顺应结合起来。

propaganda | 宣传

利益集团（如政治团体或者政府组织）对信息和思想的系统性的传播，目的是在受众中激起想要获得的反应并且赢得对该利益集团的支持。宣传可以是书面的或口头的，典型的做法是利用谎言。另见 **advertising 广告**。

proscription | 禁用规则

规定规则 prescription 的负面关联。

psycholinguistics | 心理语言学

关于**语言 language** 和大脑，以及语言是如何习得、理解、储存和产生的研究。语言的心理学研究范围稍广，它涉及诸如语言和思维的问题。类似于**社会语言学 sociolinguistics** 和**语言 language** 的社会学 **sociology** 之间的关系。另见 **linguistic relativity 语言相关性、UG 普遍语法**。

Q

qualitative research | 定性研究

不用数字形式表示的研究，例如开放式的调查问卷或者访谈（或者论文）数据。定性研究也许会在研究进行之中发展出自己的范畴（并且因此较少使用既有的范畴）。这样，它被认为至少部分地避免了定量研究的实证主义假设。定性研究与**人种学 ethnography** 有所联系。尽管它看上去与**定量研究 quantitative research** 非常不同，它的数据可以转换为定量的形式。

quantitative research | 定量研究

通过计算和测量而获得数字形式的数据的研究，例如测试的分数或者来自调查问卷的固定反馈的数据。定量研究被认为反映了实证主义的调查方法，并且应用了一致的范畴以及经验性的方法。因此，它假定自己的研究是科学的。这一点对有些人来说颇有争议，他们声称要么社会科学不同于自然科学，要么其研究对象（**应用语言学 applied linguistics** 的现象）不一定可被观察到。定量研究与心理学有关。尽管与**定性研究 qualitative research** 看起来很不同，它的数据能够转换成定性的形式。

queer theory | 酷儿理论

扩展了**性 gender** 理论，将性倾向视为一系列由社会构建出的复杂的社会准则和社会势力，以及个体活动和制度**权势 power** 的形式。

R

readability | 可读性

特定人群对某种阅读材料的可理解程度。可读性公式是最广泛使用的预测**文本 text** 难度的方法。目前采用的许多公式中，仅基于两个因素，**词汇 vocabulary**（词频和词长）和**句法 syntax**（平均句长）。人们多次尝试文本难度的重要方面考虑进来，如兴趣、强迫性、易读性（包括字体）、概念的负荷和组织。这些尝试并没有完全取得成功，主要是因为这些因素的有效测量问题。有名的可读性公式有戴尔-查尔（Dale-Chall）公式、伯姆斯（Bormuth）公式、弗赖（Fry）公式和冈宁-福格（Gunning-Fog）指数。然而，尽管它们的目的是评估可理解性（即读者的理解），可读性实际上测量的是文本之间的相对难度。正是由于它们未能评估可理解性，催生了完形填空**程序 procedure** 的发展。虽然有其局限性，可读性公式为文本难度提供了一个粗略的估算值，而且据称，它们彼此间有着高度的相关性。它们非常容易计算。另见 **comprehension 理解**、**simplification 简化**。

real-world data | 真实世界数据

在**语言教学 language teaching** 中运用真实世界的数据有着长期的传统——老师和学生都用过日记、报纸、小说等等，它们属于并源自教室外面的世界。但是"real-world data"这个短语的现代用法特指某些交际语言教学（见 **communicative language teaching 交际语言教学**）模型所强调的把整个学习经历建立在真实的**语言使用 language use** 基础上；也就是说，强调这些交际和事件并不是为了**语言学习 language learning** 的练习而特意设计的。相比学习的早期阶段，这在高级的学习阶段最容易实现。事实上，尝试进行早期学习直接反映出现实世界趋于**仪式化惯用语 ritualised routines** 的倾向。在任何情况下，把教室和真实世界截然分开肯定是错误的，因为这意味着学习不是真实世界的一部分。

Received Pronunciation | 标准发音

见其缩写 **RP**。

reflexivity | 自指性

在语法描述中，这指一个动词或者结构的主语和宾语都指代同一个实体；由此，在英语中会有 "he washed himself"[①]。

register | 语域

用来指称制度化**语言变体 language variety** 的方式。语域在语言学上是截然不同的变体，其中**语言 language** 系统地由**语境 context** 决定。试图描写一个独立的语域的做法，如法律英语的语域，被证明是有问题的，因为一个领域与其他领域之间（如地理教科书和地质教科书之间）的界限并不明确。另见 **ESP 专用英语**、**genre 体裁**。

relexicalization | 重新词汇化

见 **delexicalisation 去词汇化**。

reliability | 信度

测试测量一致性的程度。因为没有信度就没有**效度 validity**，信度测试为必要非充分条件。

repair | 修正

由说话者（自己修正）或者对话者（他人修正）对正在进行的错误的修正。

[①] 意为"他自己洗"。——译者

另见 error analysis 偏误分析。

research | 研究

对事件、问题或者现象的系统性研究，运用明确的**方法论 methodology**，并旨在测试一个或者多个**假设 hypothesis**。

restricted code | 限制语码

由伯恩斯坦（Bernstein）提出的术语，指一种在社会语境中用来传递意义的**语言变体 language variety**。他声称那些习惯使用限制语码的人**词汇 vocabulary** 范围更有限、使用更多的问句标记、用代词"he"和"she"来代替名词，而那些使用**精致语码 elaborated code** 的人更常使用形容词、更加复杂的句子结构和代词"I"。尽管伯恩斯坦并不专门探讨语言问题（因为他对**语境 context** 和社会角色同样感兴趣），他的工作被错误地解读为对比工人阶层（限制语码的使用者）和中产阶层（精致语码的使用者）的英语使用。那些使用精致语码的人有能力把他们自己从叙述中抹去，可以进行更普遍意义上的写作（或演说），而非参照自己的具体经历。早期对限制和精致这两个对立概念的命名是私人的和公共的。

rights | 权利

（通常是指**人权 human rights**）那些人们合理地期望能够由社会提供的权利（主张、需求、理想），例如教育、住房、工作和反对压迫的自由。有些权利被认为是不可剥夺的（例如保护个人生命和财产的权利），其他属于民事的，也就是被法律保障的。那些提升**语言权利 language rights** 的人的目的（例如在**母语 mother tongue** 中受**教育 education** 的权利等）在于把他们认为是自然的或者不能被剥夺的权利转换为国民的责任。

Riksmal | 里克斯默语

见 Bokmal 博克马尔语。

ritualised routines | 仪式化惯用语

用于表达对**语境 context** 的理解（也因此是得体的）的预制短语，而非提供具体信息。很多**会话 conversation** 使用这些惯用语。另见 **phatic communion 寒暄语**。

romanization | 罗马字母化

书写系统 writing system 使用的一种字母类型，要么是自源的（*ab novo*）①，要么是从**音节的 syllabic** 或者**表意的 ideographic** 文本（例如土耳其语和越南语）转换而来的。

RP | 标准发音 (Received Pronunciation) 的缩写

最早叫作公认接受的标准，即英语**发音 pronunciation** 的模型，由语音学家琼斯（Jones）提出，并收录到他的《英语发音词典》(*English Pronouncing Dictionary*) 中。它本来是英格兰南部的发音，特别是著名的公立学校和上层社会的发音。因此，它被认为不是地区性的（不同于其他英语口音）。尽管我们还是能够听到**标准发音 RP**，但是它没有以前常见，也许也没有以前的地位高。当然如果以英国广播公司 BBC 的新闻广播员和朗读者为样板的话，如今备受推崇的是一种修订了的**标准发音 RP**（也许还有地方**口音 accent**）。

---

① "*ab novo*" 是拉丁语，意为 "新的"。——译者

S

Sapir-Whorf hypothesis | 萨丕尔-沃尔夫假设
见 linguistic relativity 语言相关性。

scales | 量表
在**语言学习 language learning** 中，通过建立（并且经常是描述）一系列级别（或者阶段或者中间点）来评定从零到**最终成就 ultimate attainment** 的**能力 ability** 连续统的方法。如今，属于欧洲语言共同参考框架下的量表被广泛应用。量表本身不是测量标准，它可以被用作测试程序的一个组成成分和一种报告方法。另见 **Council of Europe 欧洲委员会**。

schema theory | 图式理论
图式被界定为一个表示概念的抽象结构。它被储存在记忆中，并且目前的用法显示，物体、日常行为和信仰系统的**知识 knowledge** 都可算作是"图式"。这个术语也用来表示文本的结构，如记叙性的、描写性的、比较性的等等。由于这些宽泛的用法，现在"图式"被看作是有些粗糙的（也就是非理论的）术语，并且它已经基本上被**背景知识 background knowledge** 所取代。

second language acquisition research | 第二语言习得研究
见其缩写 **SLAR**。

second language learners | 第二语言学习者
那些（通常通过课堂学习的方式）习得非其**第一语言 first language** 的

语言的人。因此，目前一个第二语言学习者正在习得的**目的语 target language** 也许是他或她的第三或第四语言。在第一语言之后习得的所有语言都叫作第二语言。

second language learning | 第二语言学习

见其缩写 **SLL**。

second language teaching | 第二语言教学

在教育机构中，对学习者的非**第一语言 first language** 进行的正式教学。所有的第一语言之外的**语言教学 language teaching** 都被认为是第二语言教学，尽管有些学习者学了不止一种第二语言。专业人士和公众都对第二语言教学持有鲜明的观点，特别是关于开始学习第二语言的最佳年龄、第二语言教师必需的培训，以及母语教师的角色。也许最令人困惑的问题是**第二语言习得研究 SLAR** 能够或应该对第二语言教学提供多大的帮助。另见 **age factors 年龄因素**、**SLL 第二语言学习**。

secular linguistics | 世俗语言学

这个术语被拉波夫（Labov）用来指他研究社会语言学的量化方法。这个观点的支持者认为，**社会语言学 sociolinguistics** 为主流**语言学 linguistics** 提供了一个有效的方法论，来分析真实**语境 context** 中的真实**语言 language**，并为语言变化的规律提供证据。

semantics | 语义学

对**意义 meaning** 的研究，目的在于检验 Lx 中的意义系统与 Ly 中的有什么不同，并且用来判断意义可以在何种程度上被解释为语法的外延。

semilingualism | 半语制

通俗的观点认为，成长在双语环境中的儿童永远无法完全地学会一种语言 language，因而两者都只达到半语的水平。这个观点是不足信的，但是值得注意的是，就对书面语的掌握而言，未受过教育或接受部分教育的人在那种情态下确实处于半语状态。由此，我们有必要区分下面两种情况，有些孩子从未完全获得任何一种（标准 standard）语言 language 的社会情境，以及完全反对半语制观点的认知现实。见 bilingualism 双语。

sign languages | 手语

见 ASL 美国手语，BSL 英国手语。

SIL | 语言暑期学院（Summer Institute of Linguistics）的缩写

一个基督教传教组织，致力于将《圣经》翻译 translation 为当地土语 vernacular，以使得所有人都能读到它。这一使命要求语言暑期学院 SIL 研究不同地区的书写系统 writing system 和翻译作品，并且在此过程中吸引了一批著名的语言学家参与到这项任务中。

simplification | 简化

在应用语言学 applied linguistics 中，这是一个为一群学习者有意识调整语言阅读材料的过程，以便他们能理解这些材料。简化是指，为了提高教学效率从所有语言资源中挑选出有限的特征集合。语码并没有变化：给学习者展示的是一个整体语言系统的有限样本。简化版本与简单表述之间是有差异的；简化版本表示对已有文本做出的改变，而简单表述没有预先存在的文本 text，只有一个为了符合某种特殊读者需求而提出的标题。更宽泛地说，简化指语言变体 language variety 中的规律性不断变强的自然发展变化，例如语法上的性 gender 缺失。

slang | 俚语

一种会随着品味和时尚而发生变化的口语 colloquial 类型。它通常与社会中特定的年龄群体有关，并在一定程度上被个人用来表示作为某个群体成员的身份。因为这种群体会随着时间而快速地发生变化，成员身份也需不断地被重新界定，所以俚语表述也在迅速地更新。由此，俚语词汇和短语也属于口语：那些保存下来的俚语会进入**书写 writing** 体系。

SLAR | 第二语言习得研究 (second language acquisition research) 的缩写

对第二语言学习的系统性研究。近年来，该领域作为一个经验性的和理论性的研究活动得到了充分的发展，研究的关键在于第一和第二语言习得之间的差异，如果这两者间的差异真的存在的话。争论在于，如果二者不同，**第二语言习得研究 SLAR** 不仅仅会对**语言学习 language learning**，还会对人类认知有所启发。**第二语言习得研究 SLAR** 的发展对**第二语言教学 second language teaching** 和学习有多大影响是一个尚待解决的问题。另见 **first language acquisition 第一语言习得**、**SLL 第二语言学习**。

SLL | 第二语言学习 (second language learning) 的缩写

针对第二语言学习和教学的实践与研究。**第二语言学习 SLL** 一直以来都吸引着研究者的兴趣，无疑是因为，语言虽然具有不容置疑的重要性和必要性，但达到精通的程度很难，需要花费大量时间。所以，研究的兴趣点在于不同的方法（结构方法、交际方法）、学习的起始年龄和技术辅助手段，如**语言实验室 language laboratory** 和**计算机辅助语言学习 CALL**。在一定程度上，有关**第二语言学习 SLL** 的决策是典型的政治驱动的，例如，在某一政体中语言学习的起始年龄，或者缺乏语言课程的可选项，这些很少基于研究证据来决定，更普遍地是基于政治上的便利性来决定。另见 **SLAR 第二语言习得研究**。

social class | 社会阶层

与宗教种姓制度和政治阶层一样，属于社会分层的基本类型之一。19世纪工业资本主义的发展促发了阶层系统的出现，卡尔·马克思（Karl

Marx)和其他学者主要是从经济的角度对其进行界定。特殊**口音 accent**、**方言 dialect**,甚至语言的运用,都被看作是社会阶层的标志,两者之间的联系屡见于文学作品(例如,萧伯纳[G. B. Shaw]的《卖花女》[*Pygmalion*])或社会语言学中,例如伯恩斯坦(Bernstein)。

social constructivism | 社会建构主义

可用于一些社会理论的通用术语,这些理论强调社会生活的本质是由社会创造的,以及社会是由人类积极地、创造性缔造的观点。在**应用语言学 applied linguistics** 中,社会建构主义者,如兰托夫(Lantolf),认为**语言 language** 理所当然地是通过**互动 interaction** 而创造或发明出来。

social identity | 社会身份

在一个特定的社会**语境 context** 中对自身的认识;因为这种环境会随着时间、地点而改变,个人关于自己**身份 identity** 的协商[①]也会改变。对于语言学习者,语言在这个协商的过程中起着重要的作用,允许(和拒绝)人们进入强势的社会网络。

sociocultural theory | 社会文化理论

受到维果茨基(Vygotsky)作品的影响,社会文化理论丰富了**应用语言学 applied linguistics** 对于互动的理解。"最近发展区域"观点揭示了一种发展模式。在该模式中,学习者将充满价值、假设、信仰、权利、义务和职责的个人历史带入互动中。强调的是因照顾者的互动而激发的学习者的自主性。另见 **social constructivism 社会建构主义**。

[①] 身份协商是指人们就其关系中"谁是谁"达成协议的过程。一旦达成协议,人们会持续忠于他们所同意承诺的身份。因此,身份协商的过程确立了人们彼此间的相互预期,是维持人际关系的"胶水"。(Swann. W. B., Jr.(1987). Identity negotiation: Where two roads meet. *Journal of Personality and Social Psychology*, 53, 1038-1051.)——译者

sociolect | 社会方言

一种基于社会的而不是地理因素的**语言 language** 变体（或**方语 lect**）。与之典型相关的是**社会阶层 social class**。另见 **acrolect 高势语**。

sociolinguistic competence | 社会语言能力

交际能力 communicative competence 的一个方面，它主要包括了如何在社会环境下恰当地使用**语言 language** 的**知识 knowledge**。

sociolinguistics | 社会语言学

研究**语言 language** 和社会的关系。它的目的在于加深对人类语言本质的理解（不像**民俗方法学 ethnomethodology** 那样仅关注社会本质）。社会语言学包括如**人类语言学 anthropological linguistics**、**方言研究 dialect studies**、**话语分析 discourse analysis**、**言语人种学 ethnography of speaking**、地球语言学、**语言接触 language contact**、**世俗语言学 secular linguistics**、语言的社会心理和**语言的社会学 sociology of language** 的研究。在**应用语言学 applied linguistics** 中，**教育语言 language in education** 的角色是社会语言学的一个重要方面。

sociology of language | 语言的社会学

又称宏观**社会语言学 sociolinguistics**，研究语言选择和语言干涉。它包括诸如**语言规划 language planning**、**多语制 multilingualism**、**语言维护 language maintenance**、**语言更替 language shift** 和语言与教育 **language and education** 的某些方面。

speech act | 言语行为

会话交互分析的最小单位。按照 J. L. 奥斯汀（J. L. Austin）的理论，它分为三种类型：以言指事（基本的字面**话语 utterance** 意义）、以言行事（说话者要通过句子表达的意思）和以言成事（对听话人起到实际效果的句子)。在**语言教学 language teaching** 和课程**大纲 syllabus** 的设计中，言语行为有时被称作是**功能 functions** 或者语言功能。另见 **curriculum 课程**。

speech community | 言语社团

指任意规模大小（一个家庭、村庄、地区、国家等等）的一群人，共享或者认为他们共享同一种或多种**语言变体 language variety**。由此，人们只要接受某个语言变体占主要地位就可以属于某个言语社团，而不必能够流利使用它。"言语社团"这个术语是一个原始（非理论）术语，而不是一个理论术语。

speech event | 言语事件

不连续的**交互 interaction** 过程，常常是一个对话，以双方的沉默为边界，并且常以导入和结尾语为标记。

speech pathology | 言语病理学

（又称**言语治疗 speech therapy**）病理语言学 **clinical linguistics** 在儿童成长、衰老、疾病及事故等语言问题研究中的应用。言语病理学家（或治疗师）对语言障碍（如口吃和**失语症 aphasias**）进行诊断，并安排矫正治疗。另见 **age factors 年龄因素**。

speech style | 言语风格

说话方式随**语境 context** 和对话者而异。言语风格从刻板到正式、随意、口语化再到亲密。使用恰当的言语风格属于**母语者 native speaker** 的语言能力。选择使用不恰当的风格要么是为了幽默，要么是为了疏远，抑或是表明说话者是语言学习者。另见 **genre 体裁**、**register 语域**。

stakeholders | 利益相关者
  所有那些涉及**机构语言 institutional language** 或受其影响的对象，例如**语言规划 language planning** 政策、法律、**大纲 syllabus**，它还深受近来对**伦理 ethics**、**语言测试 language testing** 的担忧的影响。另见 **curriculum 课程**。

standard accent | 标准口音
  标准语 standard language 的**规范 norm** 适用于书面语。相似的规范在多大程度上适用于口语尚不清楚。当然，大家都认同的假设是，就**英式英语 British English** 而言，有一种叫作**标准发音 RP**（之前通用的标准）的版本是有威望的**口音 accent**，即便在今天也是如此。然而，其他口音也有威望，例如受过教育的苏格兰英语和河口英语。此外，只要说话者运用标准的**语法 grammar** 和**词汇 vocabulary**，其他地区的口音在正式场合也是可接受的（即便它们缺少威望）。由于人们对披头士的崇拜，利物浦英语之类的口音也被潜在地赋予了威望。

Standard English | 标准英语
  让所有人都可通过详尽的编纂资料（**词典 dictionary**、描写语法等）、**教育 education** 和出版商及政府组织的规范化活动等途径获得的受教育者的书面**方言 dialect**。标准英语有几种：英式、美式、澳大利亚式等等。它们之间的实际差别虽然明显，但很细微，几乎不会干扰到相互间的**理解 intelligibility**。目前备受争议的是所谓的**世界英语 world Englishes** 的地位，特别是那些在非移民的前殖民地（印度、马来西亚、尼日利亚等等）仍被沿用的语码：尚未解决的问题是，是否有适合所有这些语码的**标准变体 standard variety**。

standard language | 标准语
  一种**语言 language** 中被**标准化 standardised** 了的**方言 dialect**，它具有

统一的**书写系统 writing system**、语法和**词典 dictionary**。另外，它通常是用作官方用途（包括教育）的变体。

standard varieties | 标准变体

诸如英语和德语的语言有可供选择的标准方言：就英语而言，有英式英语、美式英语；就德语而言，有德国德语和奥地利德语等。这对于其他语言来说也是如此，如西班牙语和葡萄牙语。但有趣的是，对其他语言诸如法语和汉语则明显不是这样，尽管它们都被不止一个国家用作**官方语言 official language**。

standardization | 标准化

指某个特定**方言 dialect** 因官方用途被选中、标准化、被语言社团接受，然后在必要的时候进行扩充以适应当代社会使用的过程。另见 **codification 法典化**。

standards | 标准

人们对标准的概念和关注由来已久，有时冠以不同的名称；最普遍的可能是**规范 norm**，但是也有其他类似的术语，例如"规则"和"习俗"。它们都表明了存在着社会目标，以及达成这些目标的一致途径。在语言研究中，标准的一般用法是指（某种）语言，即**标准语 standard language**（**标准英语 Standard English**、标准法语等等），除此之外，标准还指行为的方式，如同习俗。在组织机构中，标准具有更多的权威，因为它们可以用作不可协商的目标，因此**基准 benchmark**、教育获得性目标、分数制、档案和能力，所有这些都提供了**语言运用 performance** 的标准，学习者的进步和成绩可以与之进行对照。

status | 地位

人（如医生、政府官员、水管工人）在社会中占有的地位。地位和角色的含义差别在于，地位通常指由法律、政治和文化因素决定的社会层级形式。由此，地位越高（例如贵族或法官）的人，权势越大。地位群体的例子包括，占据高位的征服者和殖民者，处于弱势的奴隶和被殖民者。

stereotype | 成见

对特定团体（例如**澳大利亚英语 Australian English** 将 day 说成：/dai/）所讲语言的普遍印象，这些印象利用很少的特征做出很夸张的描述。成见通常意图表达幽默，但是它所捕捉的特征，实际上很典型，即使是很细微的。在**社会语言学 sociolinguistics** 中，"成见"是技术术语，指反映社会和**风格 style** 分层的语言变量。另见 **attitude 态度**。

stigmatization | 污名化

对语言**形式 form**、**口音 accent** 或者**方言 dialect**（甚至**语言 language**）的负面评价，因为它跟地位低的群体或者社会有关。因此，在英语的某些口音中使用声门塞音（如格拉斯哥英语中的 /boʔl/）被认为是"糟糕的"，尽管声门塞音在所有英语口音的其他语境下也会出现。

structural linguistics | 结构主义语言学

从广义上讲，任何**语言学 linguistics** 流派都可称为结构主义的，因为语言特征被典型地描写为结构和系统。但狭义上讲，结构主义指对话语的物理特征进行分类和切分的过程。例如，**系统功能语言学 systemic functional linguistics** 就用到了这种方法，它还赢得了一些应用语言学家的支持。对于生成语言学家（诺姆·乔姆斯基[Noam Chomsky]在20世纪50年代发展起来的研究范式的追随者们，该理论主要基于语言的天赋机制和**普遍语法 UG**）来说，这个方法只与**表层结构 surface structure** 有关，而在语言描写中重要的是潜在的或者**深层结构 deep structure**。结构主义在社会科学（特别是人类学）中影响巨大，其中关系的网络组成了特定系统的结构，它们唯一的含义就是关系本身。

structuralism | 结构主义

指结构主义语言学 structural linguistics 的研究方法。

style | 风格

依赖于社会**语境** context 的口头或者**书写** writing 变异。风格也指特定的历史时期（维多利亚时代）或者某个特定人的说话或者写作方式，通常是指著名的作家，如莎士比亚（Shakespeare）或者马克·吐温（Mark Twain）。另见 **speech style** 话语风格、**stylistics** 文体学。

stylistics | 文体学

依赖于情境和作者或说话者施与特定意图影响的**语言** language 变异研究。文体学主要研究书面语，特别是文学**文本** text，研究的焦点在于作家语言选择的动因。

Summer Institute of Linguistics | 语言暑期学院

见其缩写 **SIL**。

superposed variety | 超越变体

一种**语言变体** language variety。由于具有特殊社会功能，而且往往它本身就是一种**标准变体** standard variety，所以比地方**方言** dialect 更具优先权。

surface structure | 表层结构

人们实际上听到或者说出（或者，当然也可以读到或者写出）的句子结构。另见 **deep structure** 深层结构。

survey research | 调查研究

涉及访谈和调查问卷的一种**研究** research 类型。调查研究的一个主要类型被用于人口普查数据，用来判断随着时间变化的**语言保持 language maintenance** 和**语言更替 language shift** 的变化程度。

syllabic | 音节的

书面字符系统，其中每个字符（或者**字素 grapheme**）对应于一个口语音节，通常是一个辅音＋元音对。日语的"kana"就是音节的。另见 **romanisation 罗马字母化**、**writing system 书写系统**。

syllabus | 大纲

大纲和课程有时可以换用，但是二者在两个方面存在差异。第一，课程包括学校或大学或教育系统所提供的所有教学内容，而教学大纲指一门科目的内容，包括它的分级、**评估 assessment**，有时也包括**方法论 methodology**。第二，课程指一门科目能提供的课程范围，例如，应用语言学，它的内容、思想、专门用途和**评估 assessment** 标准，而教学大纲指的是组成部分的内容（这里，指应用语言学），例如，**第二语言习得研究 SLAR**，列出了每个部分的主题和阅读材料。

syntax | 句法

通常作为**语法 grammar** 的一种自由变体，但是也用于区分句子结构（句法）和词汇结构（形态学）的研究。

systemic functional linguistics | 系统功能语言学

韩礼德（Halliday）提出的一个语言功能模型，它将语言看作更广泛的社会文化背景的组成部分，即社会符号。**语法 grammar** 被看作是**意义 meaning** 潜势，并且该模型提供了文本分析和**体裁 genre** 的理论依据。该模型在（高中）**教育 education** 和应用性的计算处理中很有影响力，这既是因为它对社会性的关注，也是因为它在所有分析层面提供了关联语言事件的**方法论 methodology**。可以说，相比其他语言学家，韩礼德更受语言教师和教育者，特别是那些在学校教**母语** mother tongue（或第一语言）的教师的推崇。他认为语言是由社会构建的基本观点为文本分析提供了范式，即立足于挖掘构建语言使用的潜在意识形态。因此，他可以被看作是**批评话语分析** critical discourse analysis 的先驱，因为他关注文本的霸权结构。另见 **function** 功能。

T

talk | 谈话

在**民俗方法学 ethnomethodology** 中，谈话意味着说话的内容，说了什么和没有说什么。在**会话分析 conversation analysis** 中，谈话被认为是人们表现他们社会属性的场合。两种方法的不同之处在于民俗方法学对说了什么感兴趣，而话语分析对怎么说感兴趣。

target language | 目的语

学习者正在学习的语言。

task | 任务

在**语言教学 language teaching** 中，任务是指任何一项旨在帮助达成一个具体学习目标的活动。因此，打开窗户的请求于其本身并不是一项**语言学习 language learning** 任务，除非它的目的在于引出学习者对于句子**意义 meaning** 的理解，而不单纯是让更多的空气进入教室。

teachers of English as a foreign language | 英语外语教师

见其缩写 **TEFL**。

teachers of English as a second language | 英语二语教师

见其缩写 **TESL**。

teachers of English to speakers of other languages | 对外英语教师

见其缩写 **TESOL**。

teaching materials | 教学材料

任何教师本人以外、可用于教授（或者真正地为了学习）一门语言的事物。因此，这个术语所指非常宽泛，包括**文本 text**、（教科）书、其他书面文件、音频、视频和电脑材料（包括互联网）；事实上它指任何可以用来教学的事物，尽管它们可能并不是为了教学目的而产生的。

teaching of English as a foreign language | 英语外语教学

见其缩写 **TEFL**。

teaching of English as a second language | 英语二语教学

见其缩写 **TESL**。

technology | 技术

如果**教学材料 teaching materials** 可以被粗略地看作是软件，那么技术就指硬件，涵盖的范围从录音机到音频视频设备，再到电视、计算机和（移动）电话。教学和测试材料也愈加发展成电子的形式。另见 **CALL 计算机辅助语言学习**。

TEEP | 教育英语考试（Test of English for Educational Purposes）的缩写

西里尔·韦尔（Cyril Weir）为英格兰的前联合考试委员会（Associated Examining Board）而设计的考试，测试被设计成交际式的，侧重考察在英国做学术研究所需的学术英语水平。见 **communicative language teaching 交际语言教学**。

TEFL | 英语外语教学或英语外语教师（teaching (or teachers) of English as a foreign language）的缩写

当英语不是**教育 education** 中的**教学媒介语言 medium of instruction**，并且在教室外的日常生活中不常被使用时，被认为是一种外语。

TESL | 英语二语教学或英语二语教师（teaching (or teachers) of English as a second language）的缩写

当英语是**教育** education 中的**教学媒介语言** medium of instruction，并且（或者）在教室外的日常生活中被经常使用时，被认为是第二语言。

TESOL | 对外英语教师（teachers of English to speakers of other languages）的缩写

最大的英语外语教师的专业组织，本部在美国，并且在一些国家有分支。它组织年度大会和许多其他会议，并且出版期刊（例如 TESOL 季刊）和书籍。其目的在于促进该领域的专业化程度。另见 **profession** 专业。

test item | 测试项目

测试的一个要素，它要求一种特定形式的答案或者反应：通过将各项目分数相加来得到测试结果。

test of English as a foreign language | 英语作为外语的考试

见其缩写 **TOEFL**。

Test of English for Educational Purposes | 英语教育考试

见其缩写 **TEEP**。

testing | 测试

依照**常模** norm[①] 或者**效标** criterion 对个体语言**能力** ability 或者**知识** knowledge 的测量。常模方法需要个体跟他或她的同伴相比较，而效标方法是将个体跟学业成绩的特定层级相比较。这两种情况的假设都是人与人各不相同。近几年，**语言测试** language testing 在应用语言学

[①] 这个语境中的 norm 是语言测试中的术语"常模"，它与第 105 页中的 norm 所指不同。——译者

applied linguistics 中占有重要的地位，提供了分析**水平 proficiency** 的方法和展开**研究 research** 的方法。

text | 文本

任何口语或者书面语的片段。这意味着一篇文本可以是任意长度的，从一个词（路牌上的）到一大本书。人们对解读文本需要多少上下文有不同的意见。有用的**语言教学 language teaching** 文本仅仅部分地依赖于背景**语境 context**，这样读者就需要努力阅读文本的**语言 language** 以达成理解。

think-aloud protocols | 有声思维法

（也叫**自言自语程序 think-aloud procedures**）一项用于研究学习者策略的方法，它指学习者在完成学习**任务 task** 时进行有声的思维。研究者记录下这些口头文本，以分析学习者所参与的过程。据说有声思维是能够丰富研究者对于学习者在任务中的**语言运用 performance** 的理解。这种方法也用于研究书面和口语测试中评分人所做的判断。另见 **learning strategies 学习策略**。

TOEFL | 英语作为外语的考试 (Test of English as a Foreign Language) 的缩写，托福

它在 20 世纪 60 年代早期由美国大学联盟发展成立，并且许多年来由普林斯顿的教育考试服务机构（Educational Testing Service）管理与运作。TOEFL 是在结构化路线上发展起来的，直到最近还是这样；它现在正在做主要的修订，使得它更加富有交互性并全部实现计算机化。许多年来 TOEFL 一直有着世界范围内最多的投考者，但是最近几年来，它被**雅思 IELTS** 所取代。为全球交际的英语测试（托业 TOEIC）是 TOEFL 的一个副产品，并在吸引报考者的过程中取得了更大的成功。另见 **proficiency 水平**。

transcription | 转写

（也叫**标注 notation**）对口头事件的书面记录。转写可以是语音形式的，也可以是图解式的。语音转写有两种，广义的（或音位的）和狭义的（或语音的）。宽式的转写不如严式的转写细致或者具有个体准确性。图解转写更为宽泛，因为它运用到正字法的表达，对话语的记录未考虑**口音 accent**、**声调 intonation** 或者重音，有时准确有时不准确，必须去猜**方言 dialect** 术语是如何被表征的。但是，这是转写（也叫标注）遇到所有问题中的极端情况。

transfer | 迁移

在学习理论中用来表示将一种情境中学会的行为转移到另一种情境中。存在正负迁移之分。正迁移有助于在新情境下学习，反之则为负迁移。

transformational grammar | 转换语法

乔姆斯基（Chomsky）在 20 世纪 50 年代提出的**语法 grammar** 模型，该模型描述了**表层结构 surface structure**（人们听到的和看见的）和**深层结构 deep structure**（潜在的规则系统）之间的关系，目的在于揭示一门语言的**母语者 native speaker** 在构造合乎语法的句子时所运用的**知识 knowledge**，并且暗示着人类语言能力是普遍的。另见 **structural linguistics 结构主义语言学**。

translation | 翻译

把存在于 Lx（源语言）中的文本转变为 Ly（**目的语 target language**）的过程。意译并不要求严格遵照原文本的**语法 grammar**、**风格 style** 或者组织形式，而是重新表达它的基本**意义 meaning** 和意图。直译则试图对原文进行逐字的翻译。大多数文学翻译属于意译。翻译与**简化 simplification** 有着密切关系，因为二者的目的类似，都是使**文本 text** 被新的**受众 audience** 所理解。

turn-taking | 话轮转换

会话分析 CA 的研究 research 表明，在普通的会话 conversation 中，有着严格的话轮转换规则。这些规则足够稳固，使得会话失败很少见。说话者和听话者都处于转换关联位置（TRP）上，即说话者角色转换的地方。如果现在的说话人没有选择一个新的说话人，那么另一方会（自我）选择；否则的话，现在的说话人会继续下一个话轮。如果在下一个转换关联位置，现在的说话人仍在继续，那么交流就不再是会话而变成了独白。

T-V pronouns | T-V 代词

T 和 V 代表法语的"tu"和"vous"，即第二人称单数和复数代词。在法语和其他一些语言中，这个区别是年龄和地位的标记，其中下级和熟人被称呼为"tu"。传统上，两个人经过长时间交往之后才会用"tu"，关系的变化以请求用"tutoyer"称呼对方为标记。如今，这种区别似乎被打破了，尤其是在年轻人之间，他们更喜欢在第一次见面时就称呼彼此"tu"。有关礼貌的学术性研究，是文化理解的一个重要部分，在很大程度上归功于 T-V 代词的早期研究。另见 **culture 文化**、**politeness 礼貌**、**sociolinguistics 社会语言学**。

type-token ratio | 型例比

一种测量词汇 vocabulary 灵活度的指标，它反映了文本中运用的独有的（不同的）单词（词型）占所有单词总数（词例）的比率或者比例。以此句为例："In writing we employ a wider range of words than we do in ordinary conversation."句中词（词例）的总数是 15；单词"in"和"we"各出现两次，每个被算作一个类型。那么型-例比是 13：15。

typologies | 语言类型

语言类型是对语言和语言情境进行分类的方法。因此，亲属语言（日耳曼语族、印欧语系）是一种语言分类方法，而针对**少数民族语言 minority**

language，则提出了"唯一的""非唯一的"和"本地区唯一的"分类标准。当然没有一种语言分类方法是十全十美的，但是语言类型要做的就是要帮助我们认识到，尽管语言和情境是独特的，但它们仍然具有许多共同特征。另见 **language distance** 语言距离。

U

UG | 普遍语法（Universal Grammar）的缩写

该理论认为所有成年人拥有"相同"的语法**能力 competence**，不管他们事实上说的语言是什么。其假设是，存在一个人类**语言 language** 官能。这一假设是 UG 的基础，而 UG 据称是由小孩所出生的**语境 context** 及正常发展所激发，从而奠定了习得一种特定语言的蓝图。对于语言学习者在学习第二语言时是否会回归普遍语法，或者是否会从母语中获得**知识 knowledge**，人们尚未达成共识。另见 **SLAR 第二语言习得研究**。

ultimate attainment | 最终成就

第二语言习得的最后结果或者终点；其他具有相同意义的术语是"最终状态""结束状态"和"渐近线"。该假设指**第二语言学习者 second language learners** 不会（或不能）达到类本族语者的水平，不能成为本族语者。这个观点已遭到质疑，因为一些**超常学习者 exceptional learner** 确实达到了类似本族语者的水平。另见 **SLAR 第二语言习得研究**。

Universal Grammar | 普遍语法

见其缩写 **UG**。

uptake | 领会

有人认为，呈现给学习者的语言项目，即**输入 input**，作用甚微，除非这个输入已经被学习者吸收并随后用于语言交流中。这就是领会。

urban dialectology | 市区方言学

传统上，方言学家研究农村的**方言 dialect**，但是近几年拉波夫（Labov）和其他一些人关注城市方言。毫无疑问，部分是由于城市人口不断增长，但是更重要的是，它也反映了一种认识，即语言变化在城市范围内更容易（因为它更迅速）被观察到。类似的，关注点由乡村向城市转移，这在人类学的研究中也可以看到。另见 **secular linguistics** 世俗语言学。

usage | 用法

语言实际使用的方式；因此，它跟**语言使用 language use** 同义。有人（例如，威多森[Widdowson]）提出了这个术语的狭义用法——"usage"指一个项目在语言系统中的**功能 function**，而"use"指的是在它在交际系统中的功能。另见 **performance** 语言运用。

use | 使用

见 **language use** 语言使用、**usage** 用法。

utterance | 话段

口头语言的原始数据；实际上所说的话。话段在本质上是稍纵即逝的；句子是话段的理想形式。因此，书面语言（意识流除外）更像句子，而不是话段。话段属于**语言运用 performance**，而句子属于**语言能力 competence**。

V

validity | 效度

指一种测量工具，如调查问卷或者调查过程，或者更常见的测试，测出它所要测量的内容的程度。测试效度被认为是最影响测试价值的品质，并且被视为优先于（尽管依赖）**信度 reliability**。语言测试的有效性在于它所涵盖的诸如**水平 proficiency** 和**能力倾向 aptitude** 的抽象概念的程度。人们一直在追求测试效度的不同方法，如内容、共时、构念、可预测性、递增性，以及后果性。另见 **impact 影响**、**testing 测试**。

variable | 变量

可具有不同值的属性或特性。在实验性研究中，因变量是被测量的属性，例如一群学习者在一段时间的教学后取得的**学业成绩 achievement**。假设自变量是会影响结果的方式。因变量可以通过，如**语言水平测试 language proficiency test** 来测量，而自变量通过干预的程度来测量（如，医学中的毒品；**语言教学 language teaching** 中的教学时间）。换而言之，自变量可被视为任何会对因变量结果产生效应的系统性影响。在**社会语言学 sociolinguistics** 中，（语言）变量是语言变异的最小单位，并且它可能是语法的或者词汇的，但更通常是音位的。变量转变预示着语言变化。在英式英语中，音节开头的(h)可被视为一个具有两个变体的变量：/h/ 和 /0/。

variance | 方差

用于描述一个**变量 variable** 的一组数据的离散程度的描述性统计。通过两种语言共有的方差可揭示出两个**语言变体 language variety** 之间的相关程度。方差可以由一组数据的标准差的平方而获得。

vernacular | 土语

一个地区实际使用的方言，区别于**国家的 national** 和**标准语 standard language**，以及**通用语 lingua francas**。拉波夫（Labov）认为土语是**社会语言学 sociolinguistics** 研究的恰当对象，因为这个变体是最少受到其他变体和**正确性 correctness** 观念影响的。另见 **colloquial 口语**。

vocabulary | 词汇

一种语言的单词储备（更专业地，也称作**词汇群 lexis**）。这个术语也可以指一种**语言变体 language variety** 中词条的总和（例如医疗英语的专业词汇）。在语言教学和**应用语言学 applied linguistics** 的其他领域，词汇出现在诸如**词频 word frequency** 列表、**完形填空 cloze procedures** 的规程中，以及**可读性 readability** 的测试中。有时会区分一个学习者的积极词汇（那些她或他使用的单词）和消极词汇（指那些她或他理解但是在自己话语中没有产出性使用的单词）。词汇包括单词、短语和习语。

W

washback | 反拨效应

广义上是指测试对教学的影响作用。语言测试的反拨效应可以是积极的或者是消极的：换而言之，所有的**测试 tests** 都有反拨效应。现在，人们越来越多地从更宽泛的**影响 impact** 视角来研究反拨效应。

White Australia policy | 白澳政策

直到 20 世纪 50 年代，澳大利亚一直实行这个种族主义的移民政策，即对来自非英语国家移民的歧视，好像已经特别地发展成一项排挤中国移民的政策。19 世纪上半叶，想要进入澳大利亚的人被要求参加一个他们并不熟悉的语言的**听写 dictation** 测试。如今，这个要求又恢复了；家庭主要成员现在需要参加某个版本的**雅思 IELTS** 考试。

women's language | 女性语言

在有着明显性别界限的社会里，就很有可能有女性**语言 language** 和男性语言（当然，也会有一个共同的语言）。这些差异也许是语法上的、音位上或者词汇上的。在那些性别角色有交叉的社会，差异依然存在，但差异不表现为语言的完全分割，而表现为性别偏好。也就是说存在**语言使用 language use** 的区别：当然，这些差异是相当微妙的。

word frequency list | 词频列表

（也称**词频计算 word frequency count**）词在**文本 text** 或**语料库 corpus** 中的使用频率。语料库越大，则越有可能对**语言使用 language use** 的普遍状况进行概括，由此得到第一个一千个最经常使用的，第二个一千个最经常使用的等等。这些频率统计被用于生成简化的阅读材料。这些在英语中最常出现的词汇是类似 is、of、and、the、a、with 这样的词。这些词有如此高的功能负载（也就是说，它们有着多种含义），以至于我们并不清楚，有关它们的频率知识如何能帮助到学习者。另见 **simplification 简化**。

world English(es) | 世界英语

这个术语包含几个意思：（一）英语在世界范围内的使用；（二）卡齐鲁（Kachru）提出的世界英语的三个同心圈理论，即内圈、外圈和扩展圈；（三）也许更常见的是，在前大不列颠非移民的殖民地区，如印度、新加坡、尼日利亚和加勒比海等地发现的新英语。另见 **colonial discourse 殖民话语**。

writing | 书写

运用**书写系统 writing system** 来记录**语言 language**。由于说话是稍纵即逝的，书写是持久的；而且书写相对于说话也更保守和更不易于改变。**标准化 standardisation** 是一个作用于书面语言的过程，正式书面语言尤其是印刷形式的书面语言培养了国家归属感。另见 **imagined communities 想象共同体**。

writing system | 书写系统

在**书写 writing** 中表征一种语言的语音、音节和单词的系统。书写系统的三个主要类型分别着眼于这三个成分中的一个：**字母的 alphabetic**（声音）、**音节的 syllabic**（音节）、**表意的 ideographic**（单词）。

书 目

词典与百科词典

Johnson, Keith and Johnson, Helen (eds), *Encyclopedic Dictionary of Applied Linguistics*, Oxford: Blackwell, 1998.

Richards, Jack C., Platt, John and Platt, Heidi, *Longman Dictionary of Language Teaching and Applied Linguistics*, Harlow: Longman, 1993.

手册

Davies, Alan and Elder, Catherine (eds), *The Handbook of Applied Linguistics*, Oxford: Blackwell, 2004.

Kaplan, Robert B. (ed.), *The Oxford Handbook of Applied Linguistics*, Oxford: Oxford University Press, 2002.

Spolsky, Bernard (ed.), *Concise Encyclopedia of Educational Linguistics*, Oxford: Pergamon/Elsevier, 1999.

导论

Allen, J., Patrick, B., Corder, S. Pit and Davies, Alan (eds), *The Edinburgh Course in Applied Linguistics*: volumes 1-4, London: Oxford University Press, 1973-7.

Cook, Guy, *Applied Linguistics*, Oxford: Oxford University Press, 2003.

Davies, Alan, *An Introduction to Applied Linguistics*, Edinburgh: Edinburgh University Press, 1999.（这是"爱丁堡应用语言学教材"丛书中的第一本书：截至目前已有五本书出版。）

Grabe, William (ed.), "Applied linguistics as an emerging discipline", *Annual Review of Applied Linguistics,* 2000: 20.

Grabe, William and Kaplan, Robert (eds), *Introduction to Applied Linguistics,* Reading, MA: Addison Wesley, 1991.

Miseka Tomic, Olga and Shuy, Roger W., *The Relation of Theoretical and Applied Linguistics,* New York: Plenum, 1987.

Schmitt, Norbert (ed.), *An Introduction to Applied Linguistics,* London: Arnold, 2002.

期刊

Annual Review of Applied Linguistics, 1979-, Cambridge: Cambridge University Press.

Applied Linguistics, 1980-, Oxford: Oxford University Press.

International Journal of Applied Linguistics, 1991-, Oslo: Novus.

此外,应用语言学现今在语言测试、第二语言习得研究、话语分析等领域的众多专业文献中也占有一席之地。

索　引

中文	英文
爱丁堡应用语言学课程	Edinburgh Course in Applied Linguistics
爱丁堡应用语言学课程（Edinburgh Course in Applied Linguistics）的缩写	ECAL
澳大利亚英语	Australian English
澳大利亚应用语言学协会（Applied Linguistics Association of Australia）的缩写	ALAA
霸权	hegemony
白澳政策	White Australia policy
百科全书	encyclopedias
半语制	semilingualism
背景知识	background knowledge
变量	variable
变语配对法	matched guise technique
标记	notation
标记性	markedness
标准	standards
标准变体	standard varieties
标准发音	Received Pronunciation
标准发音（Received Pronunciation）的缩写	RP
标准化	standardization
标准口音	standard accent
标准英语	Standard English
标准语	standard language

表层结构	surface structure
表意的	ideographic
濒危语言	endangered languages
病理语言学	clinical linguistics
博克马尔语	Bokmal
布朗语料库	Brown Corpus
布洛卡区	Broca's area
布洛克报告	Bullock Report
参与者观察法	participant observation
测试	testing
测试项目	test item
超常学习者	exceptional learner
超越变体	superposed variety
成见	stereotype
重新词汇化	relexicalization
创造力	creativity
词典	dictionary
词典学	lexicography
词汇	vocabulary
词汇群	lexis
词汇学	lexicology
词频列表	word frequency list
词语索引	concordance
错误	error
大纲	syllabus
倒退	backsliding
道德规范	ethical code
低势语	basilect
地位	status
第二语言教学	second language teaching

第二语言习得研究	second language acquisition research
第二语言习得研究(Second Language Acquisition Research)的缩写	SLAR
第二语言学习	second language learning
第二语言学习(Second Language Learning)的缩写	SLL
第二语言学习者	second language learners
第一语言	first language
第一语言教育	first language education
第一语言习得	first language acquisition
调查研究	survey research
定量研究	quantitative research
定性研究	qualitative research
动机	motivation
读写能力	literacy
对比分析	contrastive analysis
对外英语教师	teachers of English to speakers of other languages
对外英语教师(teachers of English to speakers of other languages)的缩写	TESOL
多文化制	multiculturalism
多语教育	multilingual education
多语制	multilingualism
儿童语言习得	child language acquisition
发音	pronunciation
法典化	codification
法律语言学	forensic linguistics
法庭会话	courtroom interaction
翻译	translation
反拨效应	washback

反馈回应	back-channel responses
方差	variance
方差分析	analysis of variance
方法论	methodology
方言	dialect
方语	lect
非标准英语	non-Standard English
非母语者	non-native speaker
非位学研究法	-etic approach
非裔美国人英语	African American Vernacular English
非裔美国人英语(African American Vernacular English)的缩写	AAVE
非英语母语背景	non-English-speaking background
非英语母语背景(Non-English-speaking Background)的缩写	NESB
非英语母语者英语	English for speakers of other languages
非英语母语者英语(English for speakers of other languages)的缩写	ESOL
非英语语言	languages other than English
非英语语言(教学)[(the teaching of) languages other than English]的缩写	LOTE
非洲原住民语言	indigenous African languages
风格	style
复杂度	complexity
副语言的	paralinguistic
概化理论	generalisability theory
高势语	acrolect
个案研究	case studies
个人习语	idiolect
个体差异	individual differences
个体发生学	ontogeny

更广泛交流语言(languages of wider communication)的缩写	LWC
功能	function
功能意念法	functional-notional approach
构念	construct
关键(或敏感)期	critical (or sensitive) period
观察法	observation
观察者悖论	observer's paradox
官方语言	official language
广告	advertising
规定规则	prescription
规范	norm
国际英语	International English
国际英语教师协会	International Association of Teachers of English as a Foreign Language
国际英语教师协会(International Association of Teachers of English as a Foreign Language)的缩写	IATEFL
国际英语语言测试系统	International English Language Testing System
国际英语语言测试系统(International English Language Testing System)的缩写,雅思	IELTS
国际应用语言学协会	Association Internationale de Linguistique Appliquée
国际应用语言学协会	International Association of Applied Linguistics
国际应用语言学协会(Association Internationale de Linguistique Appliquée)的缩写	AILA
国际应用语言学协会(International Association of Applied Linguistics)的缩写	IAAL
国际语言测试协会	International Language Testing Association
国际语言测试协会(International Language Testing Association)的缩写	ILTA

国家和语言	nation and language
国家主义	nationalism
国语	national language
寒暄语	phatic communion
行话	jargon
黑人英语	Ebonics
横向研究	cross-sectional studies
后结构主义	poststructuralism
后现代主义	postmodernism
后殖民社会	postcolonial societies
互动	interaction
话段	utterance
话轮转换	turn-taking
话语	discourse
话语分析	discourse analysis
话语混杂	heteroglossia
话语社团	discourse communities
回馈	feedback
会话	conversation
会话分析	conversation analysis
会话分析（conversation analysis）的缩写	CA
混合语	mixed languages
机构语言	institutional language
基本人际交流技巧	basic interpersonal communication skills
基本人际交流技巧（basic interpersonal communication skills）的缩写	BICS
基础英语	Basic English
基准	benchmark
计算机辅助语言学习	computer assisted language learning
计算机辅助语言学习（computer assisted language learning）的缩写	CALL

记叙文	narrative
技术	technology
假设	hypothesis
简化	simplification
简明英语	plain English
简明语言	plain language
僵化	fossilization
交际	communication
交际能力	communicative competence
交际人种学	ethnography of communication
交际语言测试	communicative language testing
交际语言教学	communicative language teaching
矫枉过正	hypercorrection
教学材料	teaching materials
教学媒介语言	medium of instruction
教育	education
教育学	pedagogy
教育语言	language in education
教育语言学	educational linguistics
结构主义	structuralism
结构主义语言学	structural linguistics
解码	decoding
浸入	immersion
禁用规则	proscription
经典测试理论	classical test theory
精致语码	elaborated code
句法	syntax
距离	distance
聚焦于形	focus on form
可读性	readability
可理解性	intelligibility

可学性假设	learnability hypothesis
克里奥尔语	creoles
课程	curriculum
课堂话语	classroom discourse
口音	accent
口语	colloquial
酷儿理论	queer theory
跨文化交际	cross-cultural communication
礼貌	politeness
李克特量表	Likert Scale
里克斯默语	Riksmal
俚语	slang
理解	comprehension
利益相关者	stakeholders
连贯	coherence
量表	scales
邻接对	adjacency pair
领会	uptake
领域	domains
流利度	fluency
伦理	ethics
论文	essay
罗马字母化	romanization
马克思主义和语言	Marxism and language
盲文	Braille
冒犯性语言	offensive language
媒介	medium
美国手语	American Sign Language
美国手语（American Sign Language）的缩写	ASL
美国应用语言学协会（American Association of Applied Linguistics）的缩写	AAAL

美国应用语言学协会	American Association of Applied Linguistics
美式英语	American English
面子	face
描述统计学	descriptive statistics
民俗方法学	ethnomethodology
民俗语言学	folk linguistics
母语	mother tongue
母语者	native speaker
目的语	target language
男人的语言	men's language
能力	ability
尼诺斯克语	Nynorsk
年龄因素	age factors
女性语言	women's language
女性主义语言学	feminist linguistics
欧洲委员会	Council of Europe
批评话语分析	critical discourse analysis
批评应用语言学	critical applied linguistics
批评语言测试	critical language testing
皮钦语	pidgin
偏误分析	error analysis
剽窃	plagiarism
频率	frequency
评估	assessment
普遍语法	Universal Grammar
普遍语法(Universal Grammar)的缩写	UG
启蒙教学字母表	Initial Teaching Alphabet
启蒙教学字母表(Initial Teaching Alphabet)的缩写	ita

迁移	transfer
前景化	foregrounding
亲属称谓	kinship terminology
情景语境	context of situation
去词汇化	delexicalization
去克里奥尔化	decreolization
权利	rights
权势	power
权威	prestige
人工语言	artificial languages
人口普查	censuses
人类语言学	anthropological linguistics
人种学	ethnography
认知发展	cognitive development
认知心理学	cognitive psychology
认知学术语言能力	cognitive academic language proficiency
认知学术语言能力(cognitive academic language proficiency)的缩写	CALP
任务	task
萨丕尔-沃尔夫假设	Sapir-Whorf hypothesis
少数民族语言	minority languages
社会方言	sociolect
社会建构主义	social constructivism
社会阶层	social class
社会身份	social identity
社会文化理论	sociocultural theory
社会语言能力	sociolinguistic competence
社会语言学	sociolinguistics
身份	identity
身份行为	act of identity

深层结构	deep structure
失聪教育	deaf education
失语症	aphasias
实践社团	communities of practice
实证主义	positivism
使用	use
世界英语	world English(es)
世界语	Esperanto
世俗语言学	secular linguistics
市区方言学	urban dialectology
视角	point of view
手语	sign languages
受众	audience
书写	writing
书写系统	writing system
输出	output
输入	input
双文读写能力	biliteracy
双言	diglossia
双语	bilingualism
双语教育	bilingual education
水平	proficiency
态度	attitude
谈话	talk
体裁	genre
体裁分析	genre analysis
听说教学法	audiolingual
听写	dictation
通用语	lingua franca
同形异义词	heteronymy
图式理论	schema theory

土语	vernacular
T-V 代词	T-V pronouns
外国腔	foreigner talk
外语	foreign language
完形填空	Cloze procedure
位学研究法	-emic approach
文本	text
文化	culture
文体学	stylistics
文学研究	literary studies
污名化	stigmatization
误解	miscommunication
习得	acquisition
系统功能语言学	systemic functional linguistics
先备知识	prior knowledge
衔接	cohesion
限制语码	restricted code
相互理解	mutual intelligibility
想象共同体	imagined communities
项目反应理论（Item Response Theory）的缩写	IRT
效标	criterion
效度	validity
协商	negotiation
写作文	composition writing
心理词库	mental lexicon
心理语言学	psycholinguistics
信度	reliability
行动研究	action research
行为主义	behaviourism
形式	form

形式教学	focus on forms
型例比	type-token ratio
性	gender
性格	personality
修正	repair
需求分析	needs analysis
宣传	propaganda
学能	aptitude
学术话语	academic discourse
学术英语	English for academic purposes
学术英语（English for Academic Purposes）的缩写	EAP
学术语言	language for academic purposes
学术语言（language for academic purposes）的缩写	LAP
学习策略	learning strategies
学习方式	learning style
学业成绩	achievement
言语	parole
言语病理学	speech pathology
言语风格	speech style
言语行为	speech act
言语人种学	ethnography of speaking
言语社团	speech community
言语事件	speech event
研究	research
医患话语	doctor-patient discourse
仪式化惯用语	ritualised routines
移民	migration
意识形态	ideologies
意义	meaning

音节的	syllabic
音位	phoneme
音位学	phonemics
音系学	phonology
隐喻	metaphor
英国手语	British Sign Language
英国手语（British Sign Language）的缩写	BSL
英国文化委员会	British Council
英国应用语言学协会（British Association of Applied Linguistics）的缩写	BAAL
英式英语	British English
英语二语教师	teachers of English as a second language
英语二语教学	teaching of English as a second language
英语二语教学或英语二语教师［teaching (or teachers) of English as a second language］的缩写	TESL
英语教育考试	Test of English for Educational Purposes
英语教育考试（Test of English for Educational Purposes）的缩写	TEEP
英语外语教师	teachers of English as a foreign language
英语外语教学	teaching of English as a foreign language
英语外语教学或英语外语教师［teaching (or teachers) of English as a foreign language］的缩写	TEFL
英语新变体	new variety of English
英语作为第二语言	English as a second language
英语作为第二语言（English as a second language）的缩写	ESL
英语作为国际语言	English as an international language
英语作为通用语	English as a lingua franca
英语作为通用语（English as a Lingua Franca）的缩写	EliF

英语作为外语（English as a foreign language）的缩写	EFL
英语作为外语	English as a foreign language
英语作为外语考试	test of English as a foreign language
英语作为外语的考试（test of English as a foreign language 的缩写），托福	TOEFL
影响	impact
应用语言学	applied linguistics
应用语言学研究	applied linguistics research
应用语言学哲学	philosophy of applied linguistics
应用语言学中心	Center for Applied Linguistics
应用语言学中心（Center for Applied Linguistics）的缩写	CAL
用法	usage
有声思维法	think-aloud protocols
有限的英语水平	limited English proficiency
有限的英语水平（limited English proficiency）的缩写	LEP
诱引技术	elicitation techniques
语法	grammar
语法翻译法	grammar translation method
语法判断	grammaticality judgements
语境	context
语料库	language corpus
语料库语言学	corpus linguistics
语料提供人	informant
语码	codes
语码混用	code mixing
语码转换	code switching
语调	intonation
语言	language
语言	langue

语言变体	language variety
语言标准	language standards
语言测试	language testing
语言的社会学	sociology of language
语言帝国主义	linguistic imperialism
语言更替	language shift
语言规划	language planning
语言和法律	language and the law
语言教师教育	language teacher education
语言教学	language teaching
语言教学信息中心	Centre for Information on Language Teaching
语言教学信息中心(Centre for Information on Language Teaching)的缩写	CILT
语言接触	language contact
语言距离	language distance
语言类型	typologies
语言流失	language loss
语言灭绝	language death
语言磨蚀	language attrition
语言能力	competence
语言权利	language rights
语言生态学	ecology of language
语言实验室	language laboratories
语言使用	language use
语言事件	language event
语言适应	accommodation
语言暑期学院	Summer Institute of Linguistics
语言暑期学院(Summer Institute of Linguistics)的缩写	SIL
语言衰弱	language decline
语言水平测试	language proficiency tests
语言水平假设	language proficiency hypothesis
语言说服	linguistic persuasion

语言态度	language attitude
语言维护	language maintenance
语言习得	language acquisition
语言相对论	linguistic relativity
语言项目	language programmes
语言学	linguistics
语言学能	language aptitude
语言学习	language learning
语言学-应用	linguistics-applied
语言意识	language awareness
语言运用	performance
语言主义	linguicism
语义学	semantics
语音学	phonetics
语用能力	pragmatic competence
语用学	pragmatics
语域	register
元语言	metalanguage
蕴含量表	implicational scaling
杂合	hybridity
真实世界数据	real-world data
真实性	authenticity
正确性	correctness
正字法	orthography
政治正确	political correctness
知识	knowledge
职业	profession
殖民话语	colonial discourse
中介语	interlanguage
中势语	mesolect
种系发生学	phylogeny

种族	ethnicity
种族认同	ethnic identity
专门领域测试	field-specific tests
专门用途英语	English for specific purposes
专门用途英语(English for specific purposes)的缩写	ESP
专门用途语言	languages for specific purposes
专门用途语言(languages for specific purposes)的缩写	LSP
转换语法	transformational grammar
转写	transcription
准确性	accuracy
自指性	reflexivity
自然谬误	naturalistic fallacy
字母的	alphabetic
字母序列	alphabetisation
字素	grapheme
纵向研究	longitudinal studies
最终成就	ultimate attainment

后　　记

  本译著由王璐璐、陈芯莹共同完成，译者贡献均等。具体分工为：陈芯莹负责从 AAAL 到 language aptitude 的词条，王璐璐负责从 language attitude 到 writing system 的词条及全书统稿。

  校阅人王敏教授投入了大量时间精力，为译稿提出了细致的修改意见，纠正了出现的错误，保障了译本的质量。在此，我们向王敏教授致以最为诚挚的谢意。

  需要说明的是，原词典没有索引。为了便于中文读者对词典条目的查阅，本译稿于正文后添加中英文对照的索引。再有，考虑到词典的行文格式，本译稿没有添加原书页码。读者可以在索引部分查询中文词条，并根据对应的英文查寻相应页码。

  我们要感谢本译丛主编刘海涛教授。刘老师为译稿提出了宝贵的建议，也为培养我们倾注了大量心血。感谢商务印书馆的大力支持。

  虽然译稿历经多次修改，但在即将付梓之际，仍有许多尚待改进之处，文中谬误概由我们负责。恳请各位专家读者批评指正。

译者

2023 年 4 月 29 日

图书在版编目(CIP)数据

应用语言学专业词典/(英)艾伦·戴维斯著;王璐璐,
陈芯莹译.—北京:商务印书馆,2023
（应用语言学译丛）
ISBN 978-7-100-22478-9

Ⅰ.①应… Ⅱ.①艾… ②王… ③陈… Ⅲ.①应用语言学—词典 Ⅳ.①H08-61

中国国家版本馆 CIP 数据核字(2023)第 085575 号

权利保留,侵权必究。

应用语言学译丛
应用语言学专业词典
〔英〕艾伦·戴维斯 著
王璐璐 陈芯莹 译
王 敏 审校

商 务 印 书 馆 出 版
(北京王府井大街36号 邮政编码100710)
商 务 印 书 馆 发 行
北京艺辉伊航图文有限公司印刷
ISBN 978-7-100-22478-9

2023年9月第1版	开本710×1000	1/16
2023年9月北京第1次印刷	印张11	

定价:68.00元